欢迎光临

十年花语

——美中孪生花的成功趣谈

莱丽克·梅花·彼德森
达丽娅·兰花·彼德森 著

翻译 张玉洲 苏珊

中英文对照

百花文艺出版社
BAIHUA LITERATURE AND ART PUBLISHING HOUSE

图书在版编目（CIP）数据

十年花语：美中孪生花的成功趣谈 /（美）彼德森（Peterson,L.M.），（美）彼德森（Peterson,D.L.）著；张玉洲，苏珊译．—天津：百花文艺出版社，2010.11
ISBN 978-7-5306-5684-6

Ⅰ．①十… Ⅱ．①彼… ②彼… ③张… ④苏… Ⅲ．①彼德森，L.M.－自传②彼德森，D.L.－自传③游记－作品集－美国－现代 Ⅳ．①K837.128.4②I712.65

中国版本图书馆 CIP 数据核字(2010)第 198790 号

百花文艺出版社出版发行
地址：天津市和平区西康路 35 号
邮编：300051
e－mail：bhpubl@ public.tpt.tj.cn
http：//www.bhpubl.com.cn
发行部电话：（022）23332651　邮购部电话：（022）27695043
全国新华书店经销
河北省三河市宏达印刷有限公司印刷

*

开本 880×1230 毫米　1/32　印张 9.25　插页 10
2011 年 1 月第 1 版　　2011 年 1 月第 1 次印刷
印数：1－4000 册　　定价：26.00 元

努力的结晶

1
2
3
4

1 郎朗说，很高兴又见到了小老乡

2 第一次见到郎朗

3 想当郎朗的学生

4 非常喜欢看郎朗的钢琴独奏

5 郎朗夸梅花荣获肖邦大赛第一名

6 郎朗与落衫矶县首席检察官夫妇留影

7 郎朗夸兰花弹的曲目很高难

8 为郎朗而骄傲自豪

看看这双弹钢琴的大手

目录

中国十日游记　梅花和兰花

前言

我一生都在从事外语教学和研究工作。读过不少大学生的优秀外文作品，但很少读到儿童的外文优秀作品。原因很简单，任何一种文字能真正地达到可以写出优秀作品的水平，那的确是不简单，对于儿童就更难了。这需要漫长的学习、阅读、习作的艰苦磨炼过程。

当十岁的小作者梅花和兰花的作品摆在我的案上时，我信手拿起，可我一口气竟认真地读完了。阅后，感到耳目一新，犹如出水芙蓉，令我赏心悦目、心旷神怡。文章的水平已远远地超出孩子们的实际年龄，可以说已达到了美国中学生优秀作文水平，有的文章甚至更高些。

假期中，她们经常跟随父母到世界各地去旅游。她们以儿童的视角把所见所闻用生动而鲜活的文字记叙下来。她们的文章语言通顺，语法严谨，逻辑性强。文章层次清晰、使人难忘。

更令我感到亲切的是，孩子们有着一半中国人的血统。她们的文章，字里行间总会流露出对中国的浓郁情缘。她们从小就以拥有这两个国家的文化而引以为骄傲和自豪。

我为本书写前言是我愿为有一半中国血统的孪生女孩们加油和祝福。祝愿孩子们长大以后成为中美文化交流的友好使者。

本书作者那纯熟又地道的美式英语文章对于中国各类的学生，尤其是中学生及大学低年级学生都是很好的学习英语的教材。对于英语老师也有教学参考价值；对于儿童和小学生的家长们则是更有意义，借鉴她们成功接受早期教育的经验。

文章的中文译者是多年从事大学教学和翻译的语言工作者张玉洲先生和移居美国已有二十多年的苏珊女士。他们共同翻译并忠实地把握住了原文的风格和特点，运用了直译和再创作的翻译方法，尽善尽美地用中文表达了出来。这对于海外懂英文想学中文的人也颇有学习价值。

此外本书也堪称是中美文化友好交流花坛中的又一束光彩夺目的璀璨之花。

北京外国语大学前校长

王福祥 教授

序

莱丽克·梅花·彼德森和达丽娅·兰花·彼德森是一对很可爱又非常优秀的中美混血的双胞胎姐妹。2007 年至 2008 年冬春之际，我应邀再度访美，在洛杉矶逗留了两个月，有机会在这对双胞胎姐妹的家中见到她们，同她们全家度过一个难忘的夜晚，留下深刻而美好的记忆。事情是这样的，梅花和兰花的母亲苏珊女士得知我和夫人访美的消息，赶来听我的一次报告，转达她父亲王振文教授的问候，并热情邀请我们到她家里做客。她还把双胞胎姐妹写的中国游记交给我先睹为快。

2008 年初，苏珊驾车来接我们，她先带我们去环球影城游玩了一圈，然后才到她那在好莱坞附近半山腰上的家，见到了她的先生彼德森和一对双胞胎姐妹——梅花和兰花。这对小姐妹太可爱了！她们有礼貌、聪明活泼、美丽大方。我们听她们弹奏钢琴，翻看她们的相册和自传(英文版的配有照片)，还看到了她们每人各写了八大本的日记。彼德森先生也非常热情，虽然语言不通，但为了欢迎我们，他用生硬的中文唱起了中华人民共和国国歌，声音雄壮高昂。他还为我们即兴地弹着钢琴唱起了当年他向苏珊求爱时自己所创作的抒情歌曲。最后，我们同他们一家四口一起到一家意大利餐厅吃了晚餐才依依惜别。

回国一年多来，我们常有联系。今年春节前后，收到苏珊发来的一份邮件，是他们全家到大熊湖旅游时小姐妹分别写的游

初中毕业的那一天

记。她们的写作又有了很大的进步，对事物的观察更细致、更深入，文笔也更细腻、流畅。我当然感到十分高兴。前不久，又接到苏珊的电话，说小姐妹的自传以及游记的部分篇章将结集成册，希望我能写篇短序置于卷首。我当然十分高兴，并毫不犹豫地应承了这份差事。

我读了双胞胎小姐妹十岁时写的自传的前四章（中文译稿），发现她们描写观察事物相当细致生动，水平远远超出十岁儿童的手笔。我认为，描写的细致是以观察为基础的。她们观察生活、描叙事物以及结构谋篇的方法，都值得同龄的少年儿童学习写作时作参考之用。当然，从语言学习上看，我赞同北京外国语大学原校长王福祥教授所说的，“她们那既纯熟又地道的美式英语文章对于中国各类的学生，尤其是中学生及大学低年级学生都是很好的学习英语的教材”。同时，张玉洲先生和苏珊女士的中文译本，“对于海外懂英文想学中文的人也颇有学习价值”。有了这两方面的意义，这本书就更有其独特的价值了。

梅花和兰花小姐妹从小就立志要成为中美文化交流的友好使者，她们具有良好的条件和背景，而且正为这个目标的实现而努力学习和奋斗着。祝她们这个美好而远大的理想早日实现。愿早日再见到这两位可爱的小天使。祝她们健康成长！更活泼！更漂亮！

是为序。

鲁迅文学院教授　何镇邦

2009 年 10 月 18 日/ 草于北京亚运村

我来介绍梅花和兰花

“寻常一样窗前月，才有梅花便不同”。“花中真君子，风姿寄高雅”。这是中国人赞梅和咏兰的诗句。梅花她高洁，兰花她高雅。

这也正是我所认识的本书作者，她们是一对中美混血的孪生姐妹。两朵盛开在太平洋西海岸的梅花和兰花。

话说在两年前，我收到了她们从美国的来信。当她们读了我的《白鸟》小小说后，脑子里总是萦绕着几个小问题要问我。于是，她们的信便几经周折地追到了白鸟的故乡，使我有幸“结识”了这两位可爱的孪生花姐妹。不觉间，我们的通信已超过了二百多封，从字里行间，我感觉到了在她们的身上既有妈妈东方文化的优雅和智慧，“梅”与“兰”的不同凡俗，又融入了爸爸西方血统的热情和开朗。资质与执著这双翅膀使她们从很小的年纪就在文学、音乐、舞蹈、美术、体育等方面展露出惊人的才华，取得不菲的成绩。她们也是早期教育结出的丰硕成果。

姐姐梅花，比妹妹仅仅大一分钟，全名莱丽克·梅花·彼德森；妹妹兰花，全名达丽娅·兰花 ·彼德森。她们 1996 年出生在美国洛杉矶，出生后不久就收到了美国总统克林顿夫妇寄来的亲笔签名贺卡，上面写着：“欢迎你们来到这个新世界！你们的到来让那些爱你们的人得以庆祝。我们祝福你们健康快乐地成长！也祝你们拥有光明和美好的未来！”

在她们两岁刚刚会说话起便开始识字了，三岁时便开始大量的阅读。七岁时，图书馆儿童区的图书几乎都读遍了。然后她们开始读世界各国的名著。

五岁多，开始写日记了，进步惊人，描写细腻，完整地记述了她们的成长过程。同时，她们还写下了大量的旅游记。有中国、丹麦、英国、俄国、瑞典、澳大利亚、挪威、芬兰、加拿大、波兰、墨西哥和玛雅文化城、阿拉斯加、夏威夷、加勒彼海等，所到之处都留下了她们成长的足迹。她们将所见所闻以及自己的感受通通地写在了游记本上。不仅写出欣赏城市的美丽，还写出了各地的风土人情，用手中的笔勾勒出一幅幅美丽的画卷，希望有机会时能和更多的人一起分享。五岁，她们开始学习游泳、滑冰。同时也去中文学校学中文，在学习中文的过程中她们从未间断过。2009年3月，两人在南加州中文学校联合会举办的中文作文比赛中，荣获了第二名和第三名。2009年11月，在南加州的圣裕华协会举办的32所中文学校参加的中文比赛中，兰花获得翻译高级组(英译汉)的第三名。

六岁，开始学钢琴。在2008年已考过了加州省的9级。2008年在SYMF西南加州青少年音乐节的钢琴大赛中，梅花荣获肖邦钢琴比赛第一名。2009年在同样的比赛中，梅花又获得贝多芬钢琴协奏曲大赛第二名，同时两人还参加了双人四手连弹的比赛并荣获第三名。兰花在莫扎特钢琴比赛中荣获第四名。六岁，开始学芭蕾舞。2008年，两人在美国舞蹈冠军赛中(Showstopper)获得双人舞的金杯奖。

七岁，在伟博儿童绘画大赛中双双荣获佳作金奖，作品被刊登在《中国日报》和《台湾时报》。也是这一年经专业的心理医生测试，两人均被认定为高智商儿童。

八岁，进入了高智商的美好乐园小学读三年级。两人写的以雅典奥运会为主题的文章登载在《洛杉矶时报》上。她们的诗歌连续两年被洛杉矶儿童诗歌出版社收录并出版。

九岁，开始打网球。目标是要闯进高中的网球校队，争取成为种子选手。

十岁两人分别写下了十年自传，这是美好乐园小学五年级

兰花、梅花在丹麦

学生的英文指定作业。之后，两人将这部自传又合写在一起寄给了克林顿总统，借此表达对总统夫妇在姐妹俩出生时寄来的贺卡而表示她们的谢意。并得到了总统的回信和高度的赞扬。目前，她们自传的前四章和中国的十日游记已经翻译成册，与读者见面了。随后，还有自传的后四章和世界的十国游记也将很快与读者见面，敬请期待。

平日里，她们喜欢写文章。她们的许多文章经过翻译后，在中国、美国的二十几家报纸、杂志刊载，如北京的《中国校园文学》杂志，吉林的《今天人物》杂志、《妙笔》杂志、《深圳青少年报》、辽宁的《文学少年》杂志、《人生十六七》杂志、《少年大世界》杂志，《珠江青少年报》，山东的《聪明语文》杂志，还有《沈阳晚报》、《吉林省工人报》、《中国少年报》等等。2009 年初，被《沈阳晚报》正式吸收为该报的海外小记者，之后已有多篇文章被刊登在该报。美国的《洛杉矶时报》、《世界日报》、《中国日报》、《台湾时报》、《华人》杂志，以及丹麦的《首都邮报》等多家报刊也发表了她们的文章。2008 年底，她们与 14 万中学生一起角逐全美“国家艺术文学金钥匙奖”，双双荣获“金钥匙”。

平日里，她们还喜欢听流行音乐，喜欢和朋友一起去看电影。她们善感、幽默，天真、无邪。她们也愿意跟所有的中国孩子交朋友。

辽宁文学院专业作家　薛涛

推荐信

亲爱的读者：

我很高兴能在这里介绍一对优秀的中美混血儿双胞胎莱丽克和达丽娅·彼得森，中国的名字叫梅花和兰花。

直到今天我还清晰地记得七年前结识莱丽克和达丽娅这对孪生小姐妹那个难忘的场面。2002年，我第一次到洛杉矶的都儿喜茜德的音乐大厅演奏时，认识了年仅六岁的小姐妹俩。她们竟用标准的沈阳话与我交谈，这深深地触动了我的思乡之情。在如此讲究的音乐大厅里，通常是很难见到小孩子的，又加上是在异国他乡见到我的小老乡，真是喜出望外，我们很开心地一起合影留念。

当我下一次再到洛杉矶的迪斯尼音乐大厅演奏时，又意外地见到了她们。这样一来，每当去洛杉矶演出，无论在哪儿都会见到她们。我们总是会聊聊天，照几张相作为纪念。更令我惊喜的是她们的钢琴技巧也日臻成熟，曲目弹得也是越来越高难。我常对她们说："必须把弹钢琴当作美的享受……能把弹琴变得既有趣又好玩才行。"

今天当我又看到她们时，如果不是一对的话，我几乎认不出她们了，已经变成了亭亭玉立的美少女了。上次她们带来萧邦演奏曲，其中有狂想曲C小调加高调曲。这通常是著名钢琴家喜欢弹奏的并以此表示才华的名曲。我还在她们的书上签名以资鼓励。可事过不久，我高兴地获悉，莱丽克在参加长堤州立大学举办的加州西南区青少年音乐节上获得了萧邦组的第一名，获奖时刻，手中拿的正是我签字的那本书。

姐妹俩不仅聪明伶俐而又美丽可爱，钢琴弹得也非常得好，更加卓尔不群的是她们的优秀写作。她们写了大量的日记、旅游记，惊人之作还有她们的十岁自传。令人叹为观止，并得到了克林顿前总统的回信赞扬。甚至成年人也难成此劳作。

她们写作的成功也是永不停笔的刻苦磨炼所致，再加上她们从不停止的大量阅读。三岁起就开始了阅读，五岁起开始了写日记。多年来跟随父母在美国、世界各地旅游，丰富了阅历，增长了见识，将自己的所见所闻和感受淋漓尽致地记录在笔端上。描写优美细腻、写作手法既成熟又独特。

我将诚挚地邀请您看看她们的作品，保证您会获益良多。我也希望有梦的青少年们，把握住现在，把梦想变为行动。从今天就开始，那辉煌的未来一定会属于你们的。同时我也祝愿梅花和兰花百尺竿头，更上一层楼。

诚挚的

郎朗

2009 年 3 月 4 日星期三

回信

WILLIAM JEFFERSON CLINTON

2007 年 2 月 21 日

达丽娅·彼德森
莱丽克·彼德森

洛杉矶市，加利福尼亚州

亲爱的达丽娅、莱丽克：

非常感谢你们寄给我你们的自传，给我印象极为深刻的是，你们努力向上的精神和令我感动不已的充满着活力的思索。

年轻人是国家的未来。我鼓励你们充分地发挥你们的聪明才智，为将来能成为国家的栋梁之材而作好一切准备。

同时也献上我最美好的祝愿，祝你们在未来成长的每一个阶段都取得辉煌的成绩。

诚挚的

比尔·克林顿

老师的信

亲爱的读者：

作为莱丽克一年级的老师我感到很幸运。此外，我也认识莱丽克的孪生妹妹达丽娅。当莱丽克和达丽娅上一年级的时候，对于大多数的学生来说则都是刚刚开始，可她们俩却对一年级的课程已经掌握得滚瓜烂熟了。在我的课堂里，莱丽克总是比其他同学更早地做完了指定作业。这样一来她就有很多的时间在我的教室内的图书馆里自由地阅读图书。作为爱书的我，收藏了广泛的各类丰富的书籍，从专业的体育科目到野生动物类等。这些书大部分都是二手的旧书，有的是我从个人手里买的；有的是从市图书馆出售旧书时买的；还有的是从卖旧书的商店里买来的。我发现莱丽克所选读的大多是三年级以上程度的书。

我记得有一次，当我们去了长滩市的水族馆，回来后所做的第一件事是让每一个学生说出在水族馆里你所看过的五种任何不同的事情，我会写在白板上。班里的同学都会用些简单和有限的词语。待我最后再问莱丽克时，她所回答的词语都是具有挑战性的，而用的都是其他同学还没有用过的词语，很别具一格。

独特，这是莱丽克和达丽娅自身已经拥有的一部分，她们会深刻地思索。她们的这种天赋不是在课堂里所能教出来的，也是小学生时期所少见到的。

记得有一次在课堂上莱丽克在那儿自己傻笑。当我问她你在笑什么时，她告诉我她的鞋像一条虎鲸鱼。我看着她穿的是一双黑色的玛丽珍运动鞋，配着白色的短袜与鞋上那条像是鼻梁的T字形的装饰混在一起时，嗯！看起来真的像一条黑白相间的吃人虎鲸鱼呢，不由得我也笑了起来。

认识这对双胞胎真是我的荣幸，作为一名老师能有机会教导这样有天分的学生是很值得欣慰和自豪的。同时，从老师的角度，我也建议那些有意愿参与子女教育的家长们，一定要与老师们多加以配合，并能听取教师给父母的建议才好。

我还记得，我曾帮助她们俩一起学习一种数学游戏叫“替塔透乘法游戏”。这是一种可以检验你所学过的乘法技能的游戏，既具有竞争力又很有趣。另一种叫弹勾斯(Tangoes)，是根据古老中国的七巧板拼图的游戏而来的。这是一个学习算术的很好工具，它将数学和艺术结合了起来，可以加强视觉分析能力和创造力。我很开心与她们分享这类游戏。

我也很高兴地获知双胞胎仍然在她们的校内和校外蓬蓬勃勃地继续发展着。还有更美好的是她们俩还写下了大量的旅游记也会与更多的人一起分享。

诚挚的

洛杉矶市富兰克林小学

一年级老师

雪莉·爱斯蒂

献给我们亲爱的父母

我们将这份从内心流淌出的自传献给我们高尚的、辛勤工作着的、备受尊敬的爸爸妈妈，是您们用尽了心血和时间伴随着我们每一步的茁壮成长。

从我们还是一粒小小的种子时起，就受到了您们的精心照料。您们勤奋地耕耘着，勤施肥、常浇水。对我们的成长提供了充分的营养，使我们幼小的心灵中充满了美好的憧憬和创造的活力。以便日后在这个瞬息万变的大千世界里，让我们能展翅高飞。这一切都是您们在平日生活中的点点滴滴给予了我们最好的影响。

我们衷心地感谢您们——亲爱的爸爸、妈妈，您们具有极高的智慧又有绝不轻易放弃的耐心。是您们先带领我们走出了一程，接下来，我们将会更勇往直前并毫不犹豫地向人生的顶峰攀登。

我们以乐观向上的进取精神献给您们这份珍贵的礼物，也希望您们在以后的日子里活得更健康，过得更幸福快乐。

您们的女儿　梅花和兰花

2006 年 10 月 10 日

写在前面的话

十年，就像十颗闪闪发光的黑珍珠，穿成了一串美丽耀眼的珍珠项链。每一颗绚烂的黑珍珠都凝结着每一段不同的年轮，都蕴藏着特殊的丰富内涵和意义，让人挥之不去。包括了学习、娱乐、旅行以及成长的全过程，其中有苦有乐，有酸有甜，有的让人心醉，有的让人浮想联翩。十年生活如同在那深深的海底潜水，游览着美丽风光，欣赏着神奇的海洋，探索着无尽的宝藏。当我们站在那五颜六色的珊瑚礁顶时，海底的无限美景尽收眼底。

我们常常被人们称为花姑娘，可能是因为我们的名字都是

2001 年的梅花、兰花

"花"。英文的莱丽克是紫罗兰，中间名又是中文的梅花；英文的达丽娅是牡丹花，中间名又是中文的兰花。还有人说，我们长得也像两朵花，争奇斗艳的。可是请您不要误会了，别以为我们真的就是两个温文尔雅、顺服文静的小姑娘。其实呀，我们是两个非常淘气，是既会喊，又会叫；既会爬墙，也会上树的一对中美混血的双胞胎——两个调皮的小女孩儿。

我们的家庭是由中美文化和中美血统交融在一起的绝美写照。如果您能耐心细致地读完这本妙趣横生的十年自传。您将会发现很多令人吃惊而又赞叹不已的点滴记录。我们另外还专门写了十几万字的游记，三大洲、两大洋精彩游的趣事。也愿有机会时与您一起分享。相信您读完之后，一定会让您回味不尽。

同时，我们的兴趣和爱好也极其广泛，我们的每一天都过得既丰富又很充实。在平日的生活中我们充满活力，有快乐，有惊喜，偶尔也有失望……

我们将会在这本书中向您慢慢地道来，同时也诚挚地邀请您来一起浏览。但愿，我们的生命迸发出的点点火花，能给您带来一丝欣慰和惊喜……

一岁生日

第一章 热闹的婴幼儿期

妈妈看上去非常疲倦地躺在医院的病床上，她那鼓鼓的大肚子里住着我们两个即将出生的小姐妹。她半睁半闭着双眼在那等待着我们来到这个世界的好消息。

那是1996年夏季的一天，妈妈照例去医院作产前检查，出乎意料的是，医生无法找到兰花的心跳，也找不到一丝一毫她在活动的迹象。医生立即决定准备紧急手术……

大约在5点25分，梅花首先被医生从妈妈的大肚子中拽了出来，来到了这个充满阳光的新世界。紧接着兰花也被取了出来，之间仅有一分钟之隔。我们住在妈妈的肚子里仅有八个月，是住在两个不同的胎衣里。医生给我(梅花)洗过澡，又称了体重，是6磅半；兰花是当时六名新生婴儿中最重的，是7磅半。可怜的妈妈，她是以多么惊人的耐力每天挺着个大肚子，带着两个这么大而又重的双胞胎宝宝的啊。

我们已经住惯了黑洞洞的子宫，出生后突如其来的强光和明亮的新世界，使我们非常害怕，不断地大哭着，护士用小毯子将我们包起来之后，我们才感到了一些安慰，像从前一样安稳地进入了甜蜜的梦乡……

我们出生后的第二天要照相了，我（梅花）用着微弱的“OK”手势向摄影师、爸爸、妈妈以及这个世界显示了我的可爱。一双天真的大眼睛直瞪瞪地看着镜头，黑黑的满头密发像一座小山直立在头的中央，我那水汪汪的大眼睛凝视着陌生而又奇妙的新世界。可兰花却非常贪睡，摄影师整整逗了她二十多分钟，可她还是紧紧地闭着眼睛睡个不停，完全不理不睬这个大千世界。

我们终于离开了医院，回到了自己的家。我们的家坐落在梦幻般的山坡上，是一座白色的大房子，看上去好像是一座城堡，矗立在一片片的繁花簇丛中。现在我们仍然住在这里。从这房子

出生后的第二天

中的任何一个窗口望出去，都会看出几里以外的美丽风景。站在我们的阳台上，面对着的是整个洛杉矶市中心摩天大楼的缩影。北面尽是高高的山脉，偶尔在冬天时您还可以看到白白的雪山顶呢。南面您还可以看到太平洋上的咔塔林娜小岛以及好莱坞大道上的一排排高大的棕榈树。从东面的窗口会看到每天早上都有不同的日出美景，那神奇的强光是怎样地开始吞噬着这个世界。从我们住的房间的窗口向西望去，可以看到绚丽多彩的夕阳西下。每次的日出和日落都变幻莫测，那种神奇的魅力以及它的奥妙无穷真是难以用语言来形容。虽说这对刚刚出生的我们来说没感到什么不同，可是这美丽变幻的一切对日后发展我们的想象空间有着极大的推动作用。

我们刚一到家，从中国远道而来的姥姥、姥爷就已经准备好了在迎接我们的到来。他们温文尔雅又和蔼可亲。在最初的几个星期里我们经常会躺在楼下客厅的地毯上，陪着家人观看电视上的奥林匹克运动会。我们看着(当时我们也不知道他是谁)拳王阿里拿着一根看上去有点奇怪的木棍点燃了火炬，烟雾飘上了天空，也穿过了那具有象征意义的五环连成一体的奥林匹克运动会的徽章。我们的父母已经买了去亚特兰大奥林匹克运动会的门票，可是由于我们的提前到来而未能前往。

原本安安静静的家，现在充满了幸福快乐的小婴儿们呱呱叫的童稚声，我们的新生命将在这里生根开花，那是多么美好的一幕。我们的爸爸、妈妈和姥姥、姥爷看着刚出生不久的两个小姐妹躺在那里，淘气地试着要互相拉上小手，我们从来就没有寂寞过，即使是在妈妈的肚子里，我们也在互相踢踢打打呢，好像

一岁生日

一岁的兰花在看书

两个人正在那儿打拳似的(这是在妈妈怀我们三个月的时候,她去医院在身体检查时做B超的录像带中所看到的)。

爸爸为了让我们安静舒服地睡好,口里总是唱着自己编的小曲:“莱丽克是只小绵羊,浑身上下雪茫茫,不论爸爸走到哪,她就一定会跟上……”伴随着歌谣的抑扬顿挫,爸爸的身子也跟着左右晃动,使我们感觉迷迷糊糊地非常想睡。有时我们已经睡着了,他还在边哼唱着小曲边不停地摇晃着我们呢。我(兰花)喜欢睡在自己房间的摇篮里,在暖暖的阳光照耀下舒服极了。爸爸经常对我唱:“达丽娅是个洋娃娃,她会长高,也会长大,她非常

的甜,也非常的小。达丽娅是个小娃娃……”这可爱的小调他至今还在唱着呢。

时光流逝,家里人开始为我(梅花)担心起来。由于我非常淘气,反应敏捷又好动。十个月大时,我在洗手间的小浴盆里洗澡,妈妈去接电话的工夫,我就把热水龙头打开了,滚烫的热水顷刻就浇在了我的左腿上。那撕心裂肺的号叫,可吓坏了妈妈,大面积的烫伤使我疼痛难忍。我们立即去了医院,这是我人生中的第一次事故。

可没过多久,爸、妈担心的事情又发生了,在我(梅花)十四个月大的时候,我们站在学走路的小车里,可是达丽娅要追我,我就试着快速地逃,由于跑得太快了,我冲到了楼下的客厅,车砸在了我的身上。可能我是过于害怕摔蒙了,当姥姥、姥爷来到我身边扶我起来时,我却一声也没吭。过了一会儿,才开始大哭个不停。我的脸、身上青紫狼藉。从那以后,姥爷就开始对我紧盯不放,非常严密地只关注我一个人了。

大概是我们十七个月大的时候,在一个月明星稀的夜晚,我们俩同时指着天上的月亮说出我们最喜欢的字“m-oo-n”(月亮)。在那之后的几天中,还又冒出些“妈妈、爸爸、推、猪……”之类的单词。

快乐的时光直到一岁半,姥姥、姥爷签证要到期了,他们必须回家了。姥姥走后的第二天,我(兰花)意外地发现了姥姥常穿的拖鞋。那时我还不太会说话,拎着拖鞋冲着妈妈摇晃着“muh、muh”,妈妈从我的眼神中知道,我是在问:姥姥哪去了?妈妈说:“姥姥回中国了。”我惊呆了拎着拖鞋跑遍了每个房间,从楼上跑

两岁多去好莱坞拍广告

到楼下,从屋里又跑到了屋外,我想把鞋送给姥姥穿。可是我找不到她,虽然每天都在找,但是再也没有找到他们。我们俩每天都会大哭大闹一阵子,足足有一个多星期的时间,姥姥、姥爷再也没有出现。我俩的喉咙嘶哑了,眼睛也哭得红肿了。随着时间的推移,他们的面孔也渐渐地淡了,我们开始渐渐地忘记了他们。

快两岁时,我们会咿咿呀呀地讲话了,这时妈妈就开始教我们识字。她买来一些识字卡,也有她自己做的识字卡,大多是三个字母的英文字,例如:太阳、猫、狗、猪、大……可爸爸却说,这没有意义吧,两岁的孩子怎么可能呢?但是妈妈却不放弃,她常常把识字卡举在我们面前教我们说三到五次,直到我们记住了。之后,无论在哪里出现这些字,我们俩都可以把它认出来。

很快我们就可以读小小的书了,我们总是坐在自己的房间或客厅里,捧着书兴趣十足地读个不停。家里到处都堆着各种各样的小书。我们和妈妈每星期去图书馆借一次书,每次都借 30 本,到三岁的时候,我们就变得像如饥似渴的蛀书虫了。

还有,每当父母带我们出去游玩时,总会有旅游者走过来说要和我们俩一起照个相,在这美丽的地方和这对可爱的小混血儿的双胞胎留个影,会让他们觉得是很有趣的事。有时他们还给爸爸、妈妈出主意,说我们俩很可爱,长得又甜美,又标致,应该让我们去拍广告，要找个经纪人等。爸妈真的就去做了，我们三岁时就从政府申请到了社会安全卡和允许工作的证明许可。也很容易地找到了好莱坞最好的经纪人公司。我俩至少参加了十几次的面试，有时还被约第二次试镜头。可遗憾的是，我们就是不跟着导演的指令走，导演也拿我们没办法。很快我们的爸妈就不耐烦了，也就放弃了。幸运的是，在我们十岁时，还在《你好，洛杉矶》的电影拍摄中，参与了拍片工作，让我们觉得很好玩也很开心。

亲密无间

在我们充满好奇的日子里，不知不觉中，热闹的婴幼儿时代已经悄悄结束了。可永远都还有更新的事物在前面等着我们呢。

（以上内容，大部分是从家庭保留的录像带、照片和对父母的访谈中得到的。）

在拍摄电影《你好，洛杉矶》中

接受采访

两岁生日

第二章 两种文化的童年启蒙

朦胧中的童年岁月总是那么的美好，每天都会嬉戏在爸爸的书房里。隔窗远眺那陌生的大世界——洛杉矶市区的中心楼群；数着那一架又一架的大飞机从太平洋的上空掠过……真是悠闲自得,乐趣多多。

可当妈妈宣布我们就要上幼儿园时，那朦胧的童年也就此结束了。开始进入了儿童时期的两种不同文化的启蒙世界。

我们开始上幼儿园了,它的名字叫“山顶幼儿园”,它是坐落在公共的大公园里面。在山坡的顶端,有一座温暖的小红房子,掩没在翠绿如茵、垂柳依依的丛林中。操场上玩的东西有很多,高高的秋千,长长的滑梯,松软的沙堆池,还有猴爬杠子等等。

第一天去幼儿园时感到很陌生,想家也很想妈妈,我们还哭鼻子了。有一位年轻漂亮的非裔老师,她的名字叫“艾米”。她善良又很耐心,她千方百计地逗我们开心,陪着我们玩。可到了下午三点钟时,她下班要回家了。让我们又一次感到没有了依靠,无可奈何地又大哭起来。过了一周后,一切都好起来了。我们开始深深地爱上了这里。

老师们起初不相信我们这么小的年纪会读书，我们拿到几本书,立刻流畅地读完了。她们很震惊,有个叫琳达的老师就是不相信,以为这几本书我们在家读过了。于是,她当场随手写了一首爱情的诗歌让我们读。我俩流畅准确地读了出来。琳达老师的手好像被火烫了似的,把那张纸一扔,大喊:“哇,她们真的会读啊,是真的！我可从来没见过这么点的小孩子就会读书呀！”

在公园里的沙堆旁有长长的大滑梯可以顺势滑进沙堆池中,还有一些用大橡胶轮胎做的秋千,让人荡起来时就会心旷神怡;五颜六色的猴爬杆更是玩起来就着了迷。

在幼儿园的后面,有个花园似的小山坡,黑油油的肥沃土壤上,长满了各式各样的植物。小山的右面是个绿茵覆盖的斜坡,到处都是露珠晶莹的小草。左面是挺拔的枫树,伫立在阳光下,红色的枫叶金光闪闪。有时树上还会有树油冒出来,弄到手上黏糊糊的,怎么擦都擦不掉。那蓝色、紫色的喇叭花,顺藤蔓爬,长成了高高的花篱笆。山坡旁有个大菜园,种有西红柿、草莓、黄瓜和豆角。春夏之际,浓郁的花香弥漫在空气中。

那时，我们还不太懂事，有一次我们俩在茶壶里装了些泥土,再装进去几杯水,搅拌了一会儿就像妈妈沏绿茶一样。结果,我想你已经猜到了。我们把泥汤水当作茶都喝进了肚子里。老师得知后可吓坏了,她怕我们会喝下大肠杆菌。还好,很幸运,我们没有发生任何意外。

玩在盖提博物馆

在幼儿园，我们每天还学唱歌、画画，最让我俩不爽的是还要学习二十六个字母，可这些在家时我们早就背得滚瓜烂熟了。有时我们还会吃零食，像饼干、芹菜夹花生酱等，我俩从来不吃芹菜，只是把芹菜上的花生酱都舔得干干净净，最后就剩下了光光溜溜的芹菜。有时我们还和老师一起动手做糕点，做饼干，将花生酱抹在芹菜上等，做这些才是我们的最爱。

在山顶幼儿园

我们总是渴望读书，我俩把书藏在小床垫下面。每天别人午睡了，我俩就偷偷摸摸地读起书来，我们暗自庆幸，两年的时光一直这样阅读，但从没被老师发现过。就这样，我们轻而易举地将这里的藏书通通地一扫而光。

到了周末，爸爸总会带我们去巴斯洞公园玩球或放风筝。在周六、周日的早晨，我们迎着朝阳、伴着清风就向山上挺进了。爬山是我们的最爱。一路上总是有很多很奇妙的事情让我们痴迷，至今还都记忆犹新。

每当来到山脚下，我们就开始兴奋了。一边走一边跑，蹦蹦跳跳地朝着天文台所在地的山顶前进。有一次，在我们爬山的路上无意地看到了山谷中有一对小鹿，安安静静地坐在一片绿葱葱的草地上。我们觉得非常的惊喜，我和兰花在叫着，看哪！看哪！可能是我们的声音太大而惊动了它们。它俩先是竖起了耳朵，再回过头来，眼睛瞪得圆圆的看着我们。然后，慢慢地站了起来又一次地回过头来望了望我们，就优哉游哉地向更深的低谷

在山顶幼儿园

走去。它们俩长得瘦瘦高高的有一身土灰色的毛皮，每只鹿都有一个白白的屁股，却长着一个黑色的短尾巴。一边走，一边吃着小树枝上的嫩芽，偶尔，还不时地回头望望我们。我们一直向它们招着手，很后悔打扰了它们。我们站在那里很久也不想离开，很希望它们能改变主意再向我们走回来。以后的几个星期再来爬山时，我们一定要坚持再走这条路。到了这个地方就要站在那里等上好久，可是，直到今天我们也再没有看见过它们两个。

当中国新年到来时，有个小朋友的妈妈叫“欧密卡”来到我们的幼儿园，给我们讲中国年的故事，讲为什么中国会有一个特殊的新年。传说，在很久很久以前，有一个大大的毛怪兽，每年年底都会从深山里跑到小村庄来吃农民，毁坏庄稼和土地，人们生活在恐惧之中。后来人们发现敲锣打鼓放鞭炮、门上贴红对联的办法

爬山去好莱坞
大标牌的路上

爬山途中小憩

兰花在爬山的途中发自内心地
写出了“我爱爬山”

可以把大怪兽吓跑。从此，中国人就用这个办法过新年，辞旧迎新。

我妈妈会带来炸馄饨，欧密卡在小小的红信封里装上糖（通常信封内应该装的是钱），发给每个小朋友，给大家带来吉祥和快乐。我们都很喜欢一起来庆祝中国的新年。

过了四岁，在感恩节之后，我们的爷爷，劳伦·彼德森去世了。当时我们并没有特别伤心难过，也没有意识到从此以后，就再也看不到他了。爷爷得了中风，他总是躺在床上。他是一家报社的主编，他的一生都在从事写作，出版书和小说。奶奶也是一位非常杰出的报社记者。我们的曾祖父也是传媒界的，他还曾经创办并拥有一家报社。我们的爸爸也是一位资深的新闻从业人，他是我们心目中真正的大文人。我们也常常想，日后要做彼德森家族第四代小文人。我们还常常说，我们俩一定会比他们还好，更出色。

送爷爷走的那天早上，我们全家还有我们的亲戚和朋友，来到了瑞当都海滨，上了一艘快艇，将他的骨灰随着无数的鲜花一起撒进了太平洋，这是爷爷所期望的。我们还清楚地记得，每次去护士之家看望他时，他那鸡蛋形的大脑袋瓜总是躺在枕头上。

爸爸每天都会去看爷爷并给他送去当天的报纸。周末,我们全家还会再去看他。

记得爷爷去世的前两天,我们还去看过他,我(达丽娅)还喂过他一块南瓜饼,可是他吃后,吐出了橘色的黏状物。可是我们万万没有想到,这是我们第一次,也是最后一次看到他吐了。现在围绕着我们身边的都是悲伤的面孔,每个人脸上都挂上一层厚厚的哀伤,哀伤笼罩着整艘快艇。我们意识到了,这是一个非常庄重而又严肃的时刻。

第二年,还有四个月我们就要从山顶幼儿园毕业,可这时妈妈已决定要带我们去中国看望姥姥和姥爷了。我们非常不情愿提前离开幼儿园,可没办法。姥姥和姥爷离开时,我们还太小,我们已不太记得他们的模样了,提到了要去看望他们,我们还是觉得很兴奋。

我们要去中国的最后一天终于到了,我们看到真的大飞机,也将尝到坐飞机上天的滋味,很快就要看到姥姥、姥爷了。我们这下可以真正地看到姥姥和姥爷长得是什么模样了,带着这种心情我们上了韩国航空公司的大飞机。

下飞机后,我们看到的一切都是那么新鲜,那么不同。快要到姥姥家时,我们突然发现不远万里来到了这个陌生的地方,看到人们的嘴皮上下动得很快,可我们完全不懂他们在讲什么;一排紧接着一排的高大建筑物,却没有独立的小房子,一个也没有,都是一幢幢灰色的宿舍大楼、公寓楼,到处都停着一堆一堆的自行车,还有很多人骑着自行车,或者在路上走。这是我们有生以来从没见过的。

去护士之家看爷爷

在复活节日捡鸡蛋

当我们到姥姥家门口时，门已经开了，我们看到了亲爱的姥姥，我们还亲热地拥抱着姥姥。拥抱后还是觉得没有那么熟悉她，但能感到她的和蔼可亲。姥姥在包饺子，这是妈妈的最爱。妈妈看到姥姥和她最喜欢的韭菜馅饺子后，脸上堆满了笑容，合不上嘴了。

刚到这个“新世界”不久，我们又有另外一个震撼，妈妈要把我们送进中国的幼儿园。其实这才是她带我们来这里的真正目的。自从她在美国试着教我们学中文不成功时，她就下决心，让我们在上小学之前的空当里，在中国学习中文。每天早上姥爷推着自行车和我们步行去学校，谁累了就在自行车上坐一会儿。我们完全没有想到，这学校又大又漂亮，这里是那么的好玩儿，比

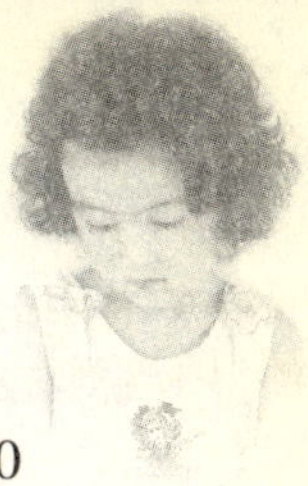

我们小小的山顶幼儿园大出不知道有多少倍。这里至少有 400 个孩子，有一座高大的三层楼房，旁边有一个大大的操场，有滑梯、吊环、隧道、摇马，还有中国式样的跳格……一切井然有序。

每天早上，大喇叭会播放音乐。然后我们就开始在温暖的阳光下，伴随着一丝丝的小凉风做早操，之后在中国国歌声中升起五星红旗。然后回到楼里，吃丰盛可口的早餐。早餐通常有小菜、大米粥、煎饺子……这些都是由食堂的四个厨师做出来的。

早餐过后，我们开始上课，要上很久的课才能吃午饭。中文对我们来说太难了，与英语非常不一样，它还有四声，可英语从来没有。上课时每个小朋友一定要坐直，两手背在后面。老师说这是为了让大家集中精力注意听讲，这可害苦了我们，坐得我们精疲力竭。这里的老师都很好，可却非常严厉。老师每天要指导我们写大量的汉字，这些字有许多笔画，横啊竖啊的，搞不清楚，真的太难了。这一点儿也不像英文，按照发音，顺理成章就写出来了。我们经常被那些难写的汉字弄得头痛、迷糊。

终于盼到了吃午饭的时间。那些香喷喷的米饭、鱼、肉、菜等好吃的会一股脑儿地盛在我们的饭碗里，让我们每顿吃完都带着非常满意的感觉离开饭桌。午饭后，我们还要去另外的房间睡午觉。每个小朋友都有自己的床，每张床都有雪白的枕头、床单，还有毯子。这和我们原来那个山顶幼儿园可就完全不同了。

用过饱饱的一顿美餐后，再睡上一觉，可真舒服。一上午的劳累也就都不见了。两个星期后，我(兰花)说出了第一句中文，“老师，我要尿尿”，这是因为我实在是憋不住了。从那之后，我们口中的中文就像瓶里的水被开了盖似的，全都流了出来，我们终于可以讲中文了！

到了七月，我们的生日也就到了。我们还要去上学，姥姥买了两个大大的蛋糕，足够40个小朋友来分的，我们的教室里，到处都挂着鲜艳的彩色小旗和气球，到处都摆放着糖果和饼干。老师们还送我们生日礼物，我俩每人都得到一串项链，上面还有一个带有幸运和祝福的小牌；还得到两个鲜红颜色真丝面料的肚兜兜，上面绣有长命树和穿着长袍的仕女。还有两个非常可爱的玩具熊和两个粉色的小书包。

大家一起为我们唱中文版的生日快乐歌。他们都非常开心，吃啊、笑啊、打啊、闹啊，开心得不得了，有些小朋友的脸上抹上了白色奶油，他们的脸上都乐开了花。有些小朋友没有跟我们玩，可欢乐的气氛也感染了他们，对我们来说这可真是个有特别意义的生日，我们觉得好像变成了中国的小皇后一样，美得不得了。

我们的生日之后，很快就是姥姥、姥爷的金婚日，我们全家去最好的照相馆留下了这美好的一刻。之后，我们又去了很讲究的餐馆去吃火锅。用些生的牛羊肉片、生海鲜，还有几种生的蔬菜往锅里下。老实说呀，我们是一点儿也不爱吃，那味道好像是中国的中药，难吃极了。

有一天，我们从幼儿园回家，我（兰花）坐在舅舅的自行车上，梅花坐在姥爷的车上。路上，我们看见个卖蝈蝈的人，手里拿着许多竹子编的笼子，每个笼子里都有一个蝈蝈。我们买了一个，回家后挂在厨房的平台外面，每天给它吃些瓜果蔬菜。从此，我们每天早上第一件事就是去看它，跟它打招呼，问早安。晚上

姥姥和姥爷的金婚纪念

在中国的幼儿园过五岁的生日，姥姥前来祝贺

也一定要跟它说声晚安后才去睡觉。我们真的很喜欢它，就像是我们的宝贝一样。有一天，姥姥却要把它放掉。姥姥说，你看它多可怜哪，总憋在这里它很快就会死了，就让它自由吧。我们一想也对，它本来就是属于大自然的。我们把它放了出来，看着它飞起来慢慢远去，冲着它挥着小手，一直到再也看不见它了为止。那一刻，我们有些伤心，也很想念它，总觉得丢了什么似的。

回到家庭的话题，也有很多有趣的事。有一次老姨夫买了十只活螃蟹装在一个网里面。我们猜这些螃蟹它们可能也不知道从网里出来后要去哪里，它们可能在想，应该回到超市的大玻璃缸里吧，还是能幸运地回到大海里呢？只有那里才是它们住的地方。但是很快锅就冒热气了。老姨夫带着一副大棉手套把它们扔进锅里，这时我们的心都快痛死了。有两只勇敢的螃蟹无法忍耐

五岁去沈阳的狮虎山

那火烧的剧痛竟然逃了出来，可最终还是没有逃脱老姨父的手掌，被老姨夫抓回又放进了“死牢”。大锅盖压得紧紧的，又过了二十分钟，摆在桌上的竟然是热腾腾、红糊糊的熟螃蟹了。我们真的很沮丧，也很气愤，为什么要害了它们，变成你们口中的美味呢？我们俩就是拒绝吃，坚决不吃。

还有件稀奇事，是我们在美国从没见过的。我们住的公寓楼的大院子里，总有人大声地吆喝着“收破烂儿了”，那意思是说，他们要买你家中的废品，如报纸、空瓶子、旧电视等等。一天，我们也卖了些家中的废品，卖了 6 元钱，相当于 80 美分吧，哎呀！我们也挣钱了，回收物品还可以换钱，喔！真有趣，那钱我们至今还留着呢。

周末我们会去不同的公园，“狮虎山”令我们记忆深刻。园内有三十多只老虎和二十多只狮子。它们还会表演钻火圈,还能和猴子一起演节目,它们能滚动巨大的彩球,能压跷跷板。

妈妈还让我们和一只刚刚表演完节目的最大的老虎照相,仅离几寸之隔,老虎在打哈欠,张开的血盆大口实在是太吓人。稍不小心就有可能会被老虎给伤着。直到今天妈妈还在后怕呢。

又见到了艾米老师

在中国的这些日子,并没有想象的那么难,那么可怕。最有趣的日子还是在幼儿园。当我们要离开沈阳时,我们心里还挺难受的。看到姥姥、姥爷流下了眼泪,我们的心都要碎了。我们对他们说:“我们一定很快就再回来看你们,我们也会非常想念你们,再见了姥姥、姥爷!再见了中国!”

与亲人告别总是很难过。当我们回到美国后,我们就更加想念姥姥、姥爷和那里的亲人了。这时,我们真正的感觉是:我们真的有两个家。一个是中国的家,一个是美国的家。

三岁生日

第三章 上小学的趣事

快点！快点！起床了！睁开眼睛吧！穿好衣服喽！要去上学喽！妈妈的喊声中带着喜悦。

我们终于到了上小学的年龄，（第一年只是学前班）我们的学校是“富兰克林”小学，这是一座老式的只有二层楼的建筑，看上去既干净又文明。

第一天去上学时，我们非常的兴奋，可更多的还是紧张。我们认识的第一个人是我们的校长——多却富女士。她给我们做了一个很简短的欢迎致辞。她已经在这个学校任校长三十多年了。蓝色的西服套裙穿在她那纤细的身上显得十分合身，她戴着一副银丝边的眼镜，后面深藏着她久经风霜的阅历。

我们的第一位老师是凯丽女士，她在这个学校教书也三十多年了。她非常严厉可又很幽默，但她会带给我们很多好玩有趣的课程。凯丽老师的脸上挂着一些岁月留下来的皱纹，留着红褐色的短发，有一双棕色柔和的大眼睛。她看上去既活泼又很善良。在我们心目中她比校长还受欢迎。她教我们很多不同的课，其中还有喂养刚出生的小鸡崽，老师把它们放在保温箱里，过一段时间再把它们放在有鸡饲料的笼子里，很快它们就长得像黄绒绒的毛球了。又过一阵子黄毛又变成了白毛，虽然看上去还是一样大，但已经长出了小红鸡冠子了。

我们还经常去校外郊游，有一次去了消防大队。消防队员给我们表演了发生紧急情况救火时的一系列动作，有怎样从紧急的通道口顺一根铁柱子从楼上滑下来，跑上救护车，各就各位……听他们讲解每天的工作日程，紧急事情发生要怎么样做。看着消防队员们一遍又一遍地滑下紧急出口时，觉得他们很酷。我们想到了长大也要做一个消防队员。可这只是一瞬间而已，日后这种想法就再也没有出现过。

我们和凯丽老师

还有一次我们去了绿草原大牧场，一望无际的大草原在轻风的吹拂下，微波荡漾。在那我们还亲手去给母牛挤牛奶；骑着马绕着圈地跑在大草原上；我们还亲手去喂小山羊；然后坐在装有草垛的拖拉机上去看猪群；还看到了大片大片的南瓜地……天哪！别提有多好玩了！

在学前班，我们有个好朋友叫海蒂，她是一个从中国来的瘦瘦小小的小姑娘，戴着一副大大的、厚厚的眼镜，她的爸爸是个

博士，在洛杉矶的儿童医院工作。我们很喜欢海蒂，她聪明又善良。尤其她的算术最好而且很超前。我们常常约时间在一起玩，有时去公园骑三轮车，有时还在一起玩儿捉迷藏，我们总是玩得非常尽兴，非常开心。一年之后，她就和爸爸妈妈回中国了。可我们还是会常常想起她，期盼着哪一天能和她再重逢一起玩玩儿。

我们快要到六岁的某一天，妈妈打越洋电话给在中国的姥爷，聊天的过程中，姥爷建议说，双胞胎已经读了那么多的书，也识了上千的字，她俩应该写日记了。妈妈说，等六岁时再开始吧。姥爷说为什么要等呢？想到了就应该做嘛。妈妈说："好，我下楼去问一问她们。"当我俩听到要写日记，都蹦着高地说："耶……！我们要写！"妈妈随手在家里找到了两本已经用过了几页的大笔记本，丢给了我们。

兰花立刻在第一次的日记上写道："我今天很快乐。但是，我还想要一块糖。"现在拿出来再读觉得非常有趣又很滑稽。我们每天都写日记。很快就从一两行到了五六行。又过了三个月就变成了半页，很快就变成了带有标题的日记，有时会写一页或更多。我们认为早期开始写日记这件事，是我们生命中最重要、最有价值的一件大事。当我们今天再打开各自拥有的八大本日记时，我们发现，那珍贵的点点滴滴是那么的生动有趣，同时也帮助我们回忆起很多已经忘记了的往事。

2002 年的春假，我们去了美国红杉木国家公园和优胜美地国家公园，在红杉木公园，我们看到了 275 英尺高，2100 岁的世界上最高的一棵大松树——"雪们将军"。我们站在他的面前，举手向他敬礼，以表示我们的崇敬心情。他是一位多么了不起的历尽沧桑的历史见证人啊！我们俩还了解到雪们将军的身上一直到 40 英尺高的地方，都有曾被烧焦过的黑色疤痕(尺寸是我们从树旁石刻碑上读到的)。

之后，我们全家登上了最高的也是最著名的魔罗大岩石的顶端，我们俩趁爸妈没注意，沿着岩石的一边向上爬去。这个举动可吓坏了我们的爸妈，这是个极危险的死亡之角。可我们俩不知深浅地从大岩石的边缘继续爬着，我们的右边是松土和尖石，左边是覆盖着积雪的一棵棵冒尖的松树和岩石，像是个张开了的大嘴。我们爬过的指示牌上清楚地写着："警告！禁止攀登。此岩石非常危险！从悬崖顶到底处有五百多尺深"。妈妈吓得脸就像白纸一样傻呆在那了。可她不敢出声，恐怕吓到了我们，一失足掉下悬崖绝壁去。又过了好一阵子我们才慢慢吞吞地爬了下

爬上了悬崖峭壁

美丽的优胜美地公园：瀑布、镜泊湖、梅花鹿和两千岁的雪们将军大树

来，这可真是爸爸妈妈的一场噩梦啊。

优胜美地可真是个名不虚传的就像是天堂一样的美丽公园，那里有大面积的森林、高山、瀑布，还有镜泊湖。我们去爬粉都儿大瀑布，在那狭小泥泞的小路上爬行，对我俩来说真像是如鱼得水。大瀑布喷下来的水冰凉凉的、细蒙蒙的，像雾水，又像雨水，我们感觉很清新凉爽。大瀑布产生的白沫状的水花四处飞溅着。那飞流直下的瀑布还夹杂着雷鸣般的轰轰轰的响声。我们俩

爬得又高又快，完全看不到爸妈的踪影了。我们爬到最顶峰时，就到了震耳欲聋的大瀑布的源头。上面的大岩石非常非常的滑。我们险些滑了下去。

优胜美地的镜泊湖，湖水很深。那微微波动的湖面倒映着雪山、松树林，还有像半个大馒头似的巨大岩石。此情此景使我们想象到了湖底是否还藏有另外的一个世界。

暑假开始时，我们先在YMCA(这是一家在美国和欧洲有连锁店的非赢利性的机构)玩了两个星期。每天我们都去不同的地方。像那迟摆瑞坊农场、天文台、公园，还有海边。两周的时间，可以说是太舒服了，既轻松又愉快，每天都一直在玩。

之后，我们又去了一个月中国的多种科目学校。在学校里我们每天早上学中文，做些学校的暑假作业。到下午，我们会有各种各样的娱乐活动，像游泳、打保龄球、滑冰、看电影，我们学到了很多。暑假，每天晚上我们都会去YMCA学游泳。我们深深地爱上了游泳这项运动。(这一游，就是两年整的时光，直到我们学完了最高级班的所有课程。)

除此之外，我们还去加州的科学园地夏令营学习了两个星期。我们上化学课，大家一起做出一个活火山还可以引爆喷火呢；我们还把化学物质混在一起倒进杯子里，杯里的液体就自然往上升，一直升到杯子外面。有时我们还用空的易拉罐自做火箭，做好后，老师使用一个空气压缩器，一按电钮，火箭就会腾空而起，直飞到大约有三百多英尺高的空中。

我们的科学园地夏令营还经常去蝙蝠洞玩，那里有“狐狸蝙蝠”(身上的毛很像狐狸)，还有吸血的蝙蝠、吃水果的蝙蝠，它们

住在乌黑的隧道中的玻璃盒子里，屋顶上有很小的小灯，就像是天上的星星，在屋顶上还有树的倒影，黑咕隆咚的看上去真像是蝙蝠的家。

经过这个假期，结束了科学园地的学习，我们认为科学园地是我们学习过的所有好玩的地方中最有趣的地方。

还有一件事让我（梅花）难以忘记。有一天，在我们家的前院我试着捉蜜蜂玩，结果被蜜蜂蜇了。当时，手指就肿起来疼痛难忍。同时，我也看到那只可怜的蜜蜂蜇完我的手指后，就立刻死了。由于手指的痛和蜜蜂的死让我哭得很伤心。从那以后，我再看到蜜蜂就会很紧张地逃跑。可通过这件事至少让我知道了，我并不是被蜜蜂蜇过后会过敏的人。我们家的邻居，他也是我们的好朋友，他的叔叔也被蜜蜂蜇了，可是只过了 20 分钟，他就停止了心跳死了。医生解释说：这就是蜜蜂过敏症。

我们还有一个朋友，他是中国男孩，叫大卫，他是加州数学竞赛的冠军。他妈妈和我妈妈是最好的朋友，有时我们会互相串门。

有一次我们俩和他家一起去雷格湖钓鱼。我们先在湖边蹚水，玩了好一阵，然后我们俩又用小水桶装满水后，抬到大卫面前，因为我们很尊敬他，他是一个天才中的天才。我们称他是天才的大师。我们俩还带来一个大大的橘色皮球，这球是我们的干妈在圣诞节时送给我们的圣诞礼物。可我们光顾着看湖边上忽然游来的一群优雅的白天鹅，它们排成一排游过了湖面。可趁我们没注意，那大球就迅速地逃跑了，顺着河边的坡就滚到了湖里并随着风就飘得很远很远了。我们非常非常沮丧、难过，这大球是我们那时最喜欢的玩具，可大卫却说：请不必伤心，那大球很快还会找到新主人的。

我们的乌龟名叫帝王

我们在雷格湖边钓鱼，大约钓了三个多小时。可什么也没有钓出来呢，这时大卫的鱼竿儿线突然激烈地抖了起来，当大卫很吃力地把鱼竿儿挑起来时，我们惊喜地看到的不是鱼，而是一个大乌龟。它的眼睛周围有一条红肿的圈，它紧闭着眼睛，可能是因为太痛，太怕了吧。大卫最后决定把这个乌龟送给我们。我们用他家的大蓝桶装了些湖里的水，带着这个已经挣扎得很累的乌龟回家了。

那天晚上我们给乌龟起了个名字叫帝王，因为我们想以此来赞美大卫——我们的天才的大师。我们在家里喂了它两个星期，有时喂它菜，有时喂它肉，还有午餐盒里的小肉块。妈妈帮它换水时，我们俩就把它拿出来，它仰面朝天时，我们看到它有些紧张，不停地摇晃着双手，双脚。我们还看到它肚子上长着美丽的黄色八角形。后来我们发现它不爱吃东西，也不爱动了。我们猜它一定是想家了，我们就让爸爸开车送它回家。车开了很远，很久才到雷格湖，爸爸买了门票，最后把它放到了湖里。

周末爸爸、妈妈经常带我们去一些带有不同文化特色的博物馆和娱乐场所。我们去了盖提博物馆，这里非常美丽，依山傍水，坐落在山顶上。它是一座 20 世纪最现代的建筑物，所有的建筑都是用没有抛光的大理石建成的。那的花园更是美的不得了，到处都开满了各种颜色的玫瑰花和紫色的野芙蓉花，有些花从拱形的木门两旁自然地垂下。这里的装饰真的可以堪称是艺术和大自然的完美结晶。

我们还看过了哑剧大师麻寺尔在外斯木大剧院的演出。爸爸说：一定要带我们去看看他的表演，否则可能再也看不到了，他是世界独一无二的一流哑剧大师，那年他已经七十五岁了。他满头的蓬松白发，脸上抹上了一层厚厚的纯白粉，用黑黑的墨画了粗粗的眉。身体非常的纤细，像个窈窕淑女，看上去很年轻。他给我们做了一场最高水准的艺术表演。他那双大眼睛，既会说话又会传神。特别是他双手和双臂在演蝴蝶飞舞时，给你的感觉如同真的一样，有一种很特殊的幽雅美感。让我们最难忘记的是他还表演了自己从小到大的成长过程，当他演到年轻小伙子的时候，从他脸上散发出的自信笑容，神态非常逼真，让我们永远都不会忘记。他那精彩的表演不时赢来全场阵阵的雷鸣般的掌声。

看这场哑剧，爸爸花了很多钱。但我们认为真的是很值得，是这位大师永远地改变了我们对不同艺术的欣赏角度。没有人能想到，就是这样一位普普通通的瘦小的老人，居然能在舞台上呈现出这么感动人的演出，让我们很难忘怀他的绝技表演。没过几年他真的就离开了人世，爸爸的那笔投资对我们就显得更有价值了。

周末时，我们全家一同去安迪喔侯的艺术博物馆，去欣赏他独特奇妙的艺术作品，其中有罐头汤的画，这是他的名画之一；还有他画的玛丽莲·梦露，那脸在黑白背景上涂满了不同的颜色，实在是让我们感到困惑。为什么他画了这么多奇奇怪怪的作品，看上去很不正常，还这么著名？我们实在是搞不明白，也可能是我们还太小，没办法评判和欣赏吧？也可能是我们的阅历还不够吧？我们挺喜欢他画的毛主席的画像，和在北京天安门城楼上挂的一模一样。同时我们还买了一个带磁铁的毛主席纪念章，日后总是把他挂在家里的冰箱上。

贴在日记中的：世界最著名的哑剧大师——七十五岁的麻寺尔先生

在这么多忙碌的暑假安排之后，八月末，我们全家又跳上了爸爸的宝马轿车，驶往新墨西哥城去姑奶家串门。（她家有四个漂亮的大花猫）在去她家的路上，我们参观了天空城市。这是一座传统印第安人居住的城市，他们仍然过着原始的生活，很少用水，也很少用电，他们住的都是泥草盖的房子，他们住在最高的悬崖上面，因此名字叫“天空城市”。我们感到迷惑不解的是，为什么这些印第安人不去选择21世纪的现代化生活，却选择如此艰苦的生活呢？至今我们也不明白为什么。

在姑奶家住了几天后，我们就开车回家了。路上，我们去了石化森林国家公园，那里有成千上万棵大石化树，躺在上千英亩的土地上，一棵棵彩红色的大石化树心是几百万年前形成的。早年，那里是一片森林。

在亚利桑那州有许许多多的河流，当这些老死的树倒下去

六岁在大峡谷

的时候，被冲进河里，河水把它们冲到了下游。西边火山爆发时，火山灰被风吹落进河里，沉淀后就变成一种特殊的泥土，这泥土有很好的吸水作用(我们现在经过加工后装进小口袋里。然后再放进食品包装袋里来吸潮气的就是这种东西)。火山灰落进河水后，河中的大树就变成了今天的石化树。其中还有其他的矿物质使石头树染上了不同的美丽色彩。

距离石化森林国家公园很近的还有世界上最大的陨石坑。这是个何等的庞然大物！真是太壮观了。森林管理员告诉我们，这个陨石坑有 4100 英尺宽、450 英尺深，坑周长有 2.5 英里，是

5 万年前产生的，是由太空的巨大陨石掉下来时形成的大坑。因为它从天上飞下来时，是着着火的。所以，直到最后将其本身也燃烧光了，因此只留下了这个深深的大陨石坑。我们在沈阳市府广场，还看到了一块真的大陨石，它乌黑锃亮的，像个闪着黑光的大铁块。

我们还开车去了世界最有名的大峡谷。这一层层的石头，从老到少，最年轻的石头是 2.6 亿年前的，最老的是 20 亿年前的。由于河流多年从此流过，大峡谷变成了许多小峡谷。我们还去爬了几个不同的山道，那下面实在是太美了，风景各异……那红、黄、橘色的岩石向四面八方延伸到远方，直到你的目光不可能再达到的地方。我们在悬崖峭壁的边上，还看到了几只在加州也很少见的加州雄鹰。

作为学前班的小学生来说，我们过的这个暑假可真是再丰富多彩不过了。

四岁生日

第四章 丰富多彩的画卷

又到了开学的时间，我们该上一年级了，可是经过这暑假的欢快玩乐，我们真的不想再回学校上课了。我们的心、我们的魂依然还飘在那大峡谷的悬崖峭壁之间……

我们的一年级老师是爱斯蒂小姐，她很瘦也很高，戴着一副银丝边的眼镜，看上去简直就和我们曾经读过的一本书《马提苔》中的女主角蜜糖小姐长得一模一样。她像前一个老师凯丽女士一样，也教我们许多好玩有趣的科目。例如她准备了一些蝴蝶的茧在课堂上分给我们（这种蝴蝶是蝴蝶中的王后，最美、最大。又称帝王蝶），我们把它们放在玻璃瓶子中，每天都看着它们闪着光的绿皮衣在长，很快看到绿皮衣破开了，它们的翅膀也张开了，最后它们从绿皮的包扎中全部挣脱开来，变成了美丽的帝王蝶。这时，不知怎的，我的心里已隐隐约约感到一丝难过，因为再没有办法把它们留在这里了。同时也为它们高兴，它们是属于那外面的大自然世界，它们真正要拥有属于自己的自由了。当我们放飞它们的时候，矛盾的心理在我们幼小的心灵中挣扎着，那过程还真的是很奇妙。

这段时间我们俩开始去杉番南都峡谷区的奥林匹克体操馆

学习体操，我们跟莎曼达老师学习。大约学了三个月的时间，莎曼达老师离开了体操馆，我们失去了我们最喜欢和熟悉的老师。同时我们也觉得体操这门运动真的是太难了，我俩也没有什么太大的兴趣，索性我们也就不学了。紧接着我们又去巴斯洞公园的艺术班学习表演，老师是个俄国人，名叫伊娃，她的年纪比较大。我们学了一阵子后也觉得没有趣，并不像我们想象的那样好玩，因此过了三个月我们也放弃了。

可幸运的是还有些项目我们没有放弃。

九月末，我们开始学习钢琴了，老师是个中国人，是刘老师。我们都喜欢弹钢琴，可是每天必须练 30 分钟到 1 个小时的琴，这要占用我们玩儿的时间。我们有些讨厌这一点。但幸运的是我们并没有停止，从弹钢琴中我们学到了如何

第一次上台钢琴表演

兰花爱上了弹钢琴

循序渐进地把琴弹得更好。我们不仅没有放弃，现在我们还真的有些爱上了弹钢琴。

2002 年的冬季，我们参加了张力芭蕾舞蹈社。教我们的老师正好是钢琴老师的太太。齐齐短短的黑发，戴一副黑边眼镜，皮肤很白。现在我们已经开始学穿芭蕾舞的脚尖鞋了。芭蕾舞是我们所学众多科目中最爱之一。当我们来上芭蕾舞课时，总感觉是件很轻松愉快的事情，随着悠扬悦耳的音乐，从大镜子里看着大家一起翩翩起舞的美丽舞姿，心里会很舒服，感觉美滋滋的很得意。学芭蕾舞的另一方面是课后总会让你大汗淋漓，可以说这也是一项非常好的健身运动。

开学后不久，在一个长周末的假期，我们又乘飞机飞到了蒙大拿州波思门市的姑姑家。我们看到了姑姑家喂养的九条狼。还看到了我们最可爱的小表弟汤姆斯。小汤姆斯只有一岁大，他有一部分是日本人的血统。我们还记得每当到了夜晚，那群狼就开始发出嗷嗷地嗥叫声，当姑姑扔给它们一些大块的速冻鹿肉和三文鱼时，你可以看到它们的眼睛发出闪亮的绿光，九条狼立刻扑上去，即刻就将那大块的冻肉撕扯开来，一起抢着吃起来。

我们的姑姑珍妮家还有一条很凶的大狼狗，有一次，真的吓死我们了。我们去外边玩，可能它以为我们俩闯进了它的地盘。它开始低下头发出可怕的呼噜呼噜声，同时一步一步地逼近我们。那一刻我们吓蒙了，不敢动，也不敢跑，只能一步一步慢慢地向后退着，我们被逼到了墙角。它张开大嘴向我们扑来。多亏姑姑闻声赶到了，她警告我们，不要再接近它了，这会很危险。

姑姑是做家庭旅馆生意的，还供应早餐，你也可以叫它是“床和早餐”。她和她的丈夫都很喜欢狼，还有一些美国人也非常喜欢狼。所以他们会吸引很多爱狼的游客住在这里。通常游客都会再去黄石公园游玩，因为她家距离那很近。她家有个很大的三温暖浴池，还可以有水流按摩。还有打撞球的房间，还有健身运动的房间等很多好玩的设施。她家有两座大大的楼房，其中一座是专门包给家庭享用的。另外的楼还有些单人间、双人间。客厅的墙上挂着一个巨大的麋鹿头，长着两个大大的鹿角。她们家的房子坐落在四十英亩地的中央，附近的金黄色大草原，一眼望不到边，一直延伸到远处的高山和地平线上。

我们全家也去了黄石公园，这是一个国家公园，占地面积很大。听说有台湾的四分之一大。我们刚进公园，就看到了水牛群，大约有一百多头。它们晃晃悠悠地穿过马路，所有观光者的车都停了下来，排成长长的一列在等着它们过马路，其中也包括我们的车。那里有几头非常非常年长的老水牛，它们那大大的眼睛，好像已经看不清了，脏兮兮地流着水。长长的大胡须像嬉皮士的头发粘在了一起，郎郎当当地挂在嘴边，还有几只小小的水牛宝贝也踉踉跄跄地跟在后

姑姑家养了九条肥狼

边，好像刚会走路的样子。看上去它们相依相偎，和睦融融，好像是一个大家庭，也不知它们这是几代同堂了。

我们还看到许多梅花鹿，它们睁着大大的，有点像玻璃球似的亮晶晶的大眼珠，站在那很好奇地看着我们。我们还看到一群粗壮、肥大的麋鹿，每只鹿头都长着巨大的鹿角。这一切如此的安静，十分和谐。

随后，我们到了黄石公园中心的大瀑布，就像一幅巨大的白窗帘挂在高高的山顶上，好像是从九天飞下。那川流不息的瀑布飞流直下，打在山下的岩石上，溅起了巨大的水花，非常的壮观。当我们站在那狂野的瀑布面前时，突然觉得自己太渺小了。大自然总是有着一种无形的征服力，我们感觉再一次地被它征服了。

不幸的是我们由于赶时间，刚好错过了忠实的老喷泉喷热气。之所以叫它忠实的老喷泉，就是因为它每隔两个小时就一定会喷一次热气，这热气是从地下的热泉水中而来，从那个直通地下的洞口喷出的，温度之高足可以烫死人的，喷气的高度足有二十多英尺高。

一年一度的我们最喜欢的万圣节到了。由于很兴奋，我们会起得很早，穿上了我们自己挑选的万圣节服装，梅花选的是灰色的小白兔，戴着两个大大的白耳朵，我（兰花）选的是绿色的小青蛙，还有一副绿色的大眼镜，我会把它戴在头上。

到了学校几乎所有的学生和老师都会穿上奇奇怪怪的服装，很多的人还戴着可怕的鬼面具，还有的人戴着名人的面具。在上完第二堂课时，我们全校人都会来到大操场，开始万圣节的大游行。郎了郎当的，手拉手的在操场上绕着大圈走。之后回到教室每个书桌上都会有很多的糖果和一些稀奇古怪的小礼品。

到了晚上，有些街道上已装饰着万圣节的气氛，在墙上和窗户上到处可见的是白色的蜘蛛网，另外的装饰还有刻着鬼脸的大南瓜和那忽明忽暗的鬼灯，有些人家的前院还摆上一排排的

一年级参加万圣节大游行

爸爸也来学校参加万圣节

坟地中才有的石碑，再摆上一些死人的头盖骨和肋条骨头，有些人的家里黑咕隆咚的，可里面却发出很可怕的鬼叫声……

一群群的孩子由爸爸、妈妈带着去挨家挨户地要糖果，每到一家的门前，我们就会说，是想被我们搞鬼呢？还是给我们糖果？每一家，每一户都会给我们糖果。我们拎着一个画有鬼脸的橘色的像是南瓜的塑料小桶，到了要回家的时候，总是会被装得满满的。这些糖果足足够我们吃半年的。万圣节这天总是让我们玩得非常快乐。

12月的一个周末，我们全家去了好莱坞影城，在假日大游行的时候，我们看到了真的圣诞老人。他戴着金丝边的眼镜，穿着一身鲜红色的圣诞老人装，上衣的边边还镶着雪白的羊毛。他坐在有九条飞鹿拉着的雪橇车上，面带微笑向我们不断地挥手致意。雪橇车上装着满满的圣诞礼物盒。

到了圣诞夜，我们俩打开了家中客厅的壁炉门，把门开得大大的，唯恐圣诞老人的大肚子挤不进来。我们还倒了一杯牛奶，放上一盘饼干，待圣诞老人来我们家送礼物时，可以吃点零食。或许他还会多给我们些礼物。我们也不知道今年为什么会比往年更兴奋，可能是因为我们看到了真的圣诞老人，他就在我们家附近的缘故吧。

圣诞节的早晨，我们一睁开眼，就蹦了起来，撒腿就往楼下跑。我们意识到，圣诞老人已经来过了，牛奶和饼干都不见了。他还在桌上留下了一个有“谢谢”字样的小纸条。爸爸宣布允许开礼物时，我们已经迫不及待地扯开了大大小小的礼品包装盒了。有书，有表，有毛毛的玩具熊，有衣服，还有机器狗。这狗会吃东

西，可以拉，也可以走，会叫，会发出声音，表达它的感情。啊！所有的这些都正是我们想要的，我们真的很感激圣诞老公公，更神奇的是，他真的很了解我们。

冬假过后回到学校，我们觉得学校里一年级的课程很没趣。因为我们已经学过了，可课堂上还在讲简单的生词。只有一堂课是我们喜欢和期盼的，那就是每周一次的儿童鱼类水产课。时间过得又慢又无聊，还剩几个星期的课时，我们就没有耐心等待了，非常期盼这一年快点结束。到了学期结束的那一天，我们立刻冲出了学校的大楼。

可妈妈就像植草一样，把我们从富兰克林小学拔出来后，就立刻栽到了郎敦暑期学校。经过一番考试之后，校长把我们分到了三年级的算术班和英语班。可我们才是一年级的学生啊！在暑期学校的第一个星期里，我们就在那糊里糊涂地瞎混。听老师讲课时，我们感觉很无趣都在发呆。可再过了一个星期后，我们就好多了。到毕业时，令我们俩高兴的是我们都得到了95分以上的成绩。

7月中旬，我们全家去了在南加州大学旁边的儿童城的节日展览会。当我们玩够了准备回家的时候，妈妈看到了一个免费测试视力展厅，也没人排队（我爸爸是最讨厌排长队的人）。所以，我们决定进去验光，应该不会有什么问题吧。可是结果出来后，大家却都傻眼了，尤其是妈妈。我们俩有严重的近视，我们只能看到视力表的第一行和第二行，天哪！

在日后的两个星期中，妈妈走到哪就唠叨到哪："我简直不能相信，这是怎么回事呢？"平时，无论我们在哪儿读书，妈妈都会很认真地检查。晚上灯是否够亮，还是太亮；白天总是不断地告诉我们，不能在太阳底下读书；也不能躺着读书；不能坐车读书；也不能靠书太近……妈妈以为这样做就会远离近视眼了。难为她的这一番苦心，我们还是得了近视眼，她的心里完全不能接受。可是戴眼镜的爸爸却对我们说："嘿，欢迎！欢迎！欢迎你们加入我的世界！"

暑假的最后两周，我们飞到了夏威夷。当晚到达夏威夷时，夜色好像挂了黑蒙蒙的一层薄纱。接下来，雷鸣电闪地下了一整夜的大雨。我们住在海边的宾馆里，听着波涛起伏的海浪声，竟让我翻来覆去难以入睡。

夏威夷的考艾岛真是美，美得就像人间的天堂。那热带雨林的气候总是阳光明媚、气候温暖宜人。瓦蓝瓦蓝的天空再加上碧绿碧绿的大海；到处都是鲜花和一排排的椰子树。山水相依，百花齐放，绚丽多彩，美不胜收。我们去了里爵门海边，漂浮在海面上，看着海水里各种各样的热带鱼。这里的海水，风平浪静，是潜水看鱼最好的景点。我们看到了许多鲜黄色带蓝条纹的热带鱼；还有全身都闪着银光略带橘色的热带鱼；还有数不清，也说不完的各种各样花纹和颜色的热带鱼。我们感觉自己也变成了美人鱼，自由自在

夏威夷戏水

夏威夷的风情

地遨游在太平洋里……放眼远望，我们看到了海里珊瑚礁的美丽世界。我们尽情地欣赏着珊瑚礁上五颜六色的海洋植物和周围数不清的热带鱼，太美了，真是享受，玩得尽兴极了。我们的身体好像被融化在这温暖的海洋里了。哦！这里真的就是人间天堂！

紧接着我们又去海边附近爬山，大约有两英里的路。沿着纳帕里海岸，到汉克皮埃海边，糟糕的是我们忘记了带水。在返回的路上，我们俩实在渴得要命。不得不向其他带水的游客要些水喝。天渐渐黑了，可我们还在深山里面，走在崎岖不平的山间小路上，附近看不到任何人。我们开始害怕起来，这要是冒出来个大野兽，我们岂不成了它们丰盛的晚餐了吗？越想越害怕，天也越来越黑。我们的心都快要跳到喉咙眼了，一直在怦怦怦怦地狂跳着，直到回到住处，睡觉之前都还一直狂跳不止。

第二天早上，空气非常的新鲜，阳光也格外的迷人。天空清澈得像透了明似的蓝，太诱惑人了。我们全家都忘记了昨晚的噩梦，今天准备继续爬更高的山。我们去爬歪弥阿峡谷的陡坡，爬了很久很久，欣赏着周围远近的不同风景，还有许多大小不一的瀑布，空中那像薄纱一样的细雾，浮来飘去，看上去有点像弯弯曲曲的巨龙。当我们爬到更高处时，这里的空气格外的清凉新鲜，轻轻地扑到了我们的身上，好像是在抚摸着我们的脸……

忽然，一阵阵凉风袭来，穿透了我们的衣服，有着刺骨的寒意。这可真是高处不胜寒啊。我们身边到处都是金黄色的野草，还有翠绿色的大树。我们走在泥泞狭窄的小路上，越往前走越窄，越窄也越危险，越危险就越刺激……

在夏威夷，我们最喜欢的还是“女王的浴池”。这里有一块巨大的岩石，将海水拦截进来憋在了海湾处。看上去真的很像一个巨大的浴盆，这里的环境是非常安静幽雅。只能偶尔听到海水在击打岩石的声音，在那碧绿的海水中，我们看到了许多热带鱼，被周围的一种坚硬的植物墙完整地保护起来，在角落里有一个峭壁，我们可以从这里跳进浴池。我们又发现这里有更多、更美的鱼。许多的小银鱼嗖嗖地像箭一般从我们身边穿过。还有更多五颜六色各种各样的热带鱼，当它们游过我们面前时，晃得我们的眼睛都快睁不开了，它们实在是太耀眼了。

又该回到学校了。这一开学，我们就开始上二年级了，我们

的新老师库克先生是位个头有些矮的年轻人，他戴着一副金丝边的眼镜，深红色的鞋和带领带袖的背心，他穿的衣服和鞋总是颜色有些鲜艳。

库克老师非常严厉又挑剔。我（梅花）记得，当时我的英文书写比较差，他就非常严格地来纠正我。如果我写得很乱，他就会立刻当着我的面给我扯个稀碎。有时我写了三次，他就会把这三次的都扯碎了。就是在这般训练之后，我在书写方面真的有了很大的进步，又整齐又漂亮。在刚开学的阶段，我算是个经常惹麻烦的学生，库克先生总是批评我。老实说，我也说不清楚，我到底哪里有问题，好像是他就黑上我了。有一次还把我妈妈找到学校来，谈我的一、二、三……其中有我对老师没有礼貌，上课时，我提出问题，可他没听见，还问我在说什么。我就回答说：您怎么会没听见我的问题呢？难道您没有长耳朵吗？……

自从妈妈来过学校之后，我也不知道我是怎么改的，我又变成了好学生，上课时我也不说话了，也不玩了，学期结束时，我还得了一张奖状——最好的学生。

这两年我们很喜欢去不同的图书馆，我们疯狂地读着各种科目的书籍，我们读了大量的世界各国精选的传统故事，还有天文方面的科学类书籍。在这段时间里，我们换了新的钢琴老师，她是加州钢琴教师协会的主席比希斯台娣女士，她非常和蔼可亲，但是她教钢琴的速度非常慢。很快我们就又换了一个新的老师芬丽女士，她是个有些胖的俄国女人，她非常注重古典音乐。

当洛杉矶的华纳·迪斯尼音乐厅隆重开张的那一天，我们俩也跟着爸爸、妈妈一起去了。我们是那场音乐会中所能看到的唯

七岁荣获绘画佳作金奖

一的小孩子。第一场演出的是世界著名的钢琴家———爱及瑞克什先生，他是俄国人，从这场音乐会中，我们真的领会了大师级的风采，就是不一样，那手法非常轻松自如。整场下来后，我们感觉到了一种享受。随后爸爸就买下了年票，我们就可以常来这里看音乐会了，我们已经欣赏了很多场世界级高手的各类音乐会。可我们最爱的还要算是郎朗。我们第一次看到他时，他才十九岁，就已经成为全世界最有名气的年轻钢琴家了。

原来郎朗的家和我妈妈都是来自同一个城市。郎朗的爸爸非常喜欢我们。有一次，还给我们讲了一个郎朗小时候所发生的有趣小故事，让我们很难忘记。郎朗两岁就开始弹钢琴了，他每天都是早 5 点钟起床练钢琴，练过一小时之后再去上学。隔壁的邻居就拿郎朗当闹钟了，有一天，郎朗生病了，没起床练琴。结果上早班的邻居却迟到了。这个故事让我们知道，想成功并不容易，我们俩在弹钢琴上还要再加油！郎朗告诉我们："要把弹钢琴当作是好玩的那才行。"我们也试着这样做了，慢慢地我们真的开始对弹钢琴更有兴趣了。

有一天，我(梅花)掉了一颗牙，这是我掉的第一颗牙，我给牙仙女写了一封信，放到枕头底下，我写道：

亲爱的牙仙女啊：

今天我掉了第一颗牙齿，可糟糕的是那颗牙被我弄丢了。当你飞来时，在我的枕头底下，您可能找不到那颗牙齿了。但我真的希望您能送给我一串漂亮的项链，好吗？对了，我还有一个双胞胎的妹妹，她也很希望能有一条。

爱你的

莱丽克

我们不能相信的是，当我早晨醒来后真的发现在我的枕头下面有两串非常漂亮、闪着银光的"钻石"项链。没有任何人可以想象得到，我们的那种快乐。我们真的感谢牙仙女，我们戴着项链在家中的走廊跑来跑去，跑上跑下，那串项链在我们的脖子上也跟着飞来甩去的。

这一年的12月，真是我们的幸运月。在伟博文化儿童绘画比赛中，我们俩都得到了佳作金奖。作品还刊登在了《中国日报》和《台湾时报》上。我们分别画了一幅两个大熊猫坐在那吃竹子的画和一幅有竹林背景的大瀑布一角。我们真的非常高兴，那两幅画至今还挂在我们的卧室中，我们为此也觉得很骄傲。

2004 年初，我俩同时参加了由专业的心理学家进行的 IQ 测试，我们俩都可以去高智商的学校了。有八百多名合格的学生申请高智商的美好乐园小学，可只有四十多名被录取。我们的爸爸妈妈非常地高兴，就好像是中了乐透奖一样。我们全家去了一家很高级的餐馆，在那里大吃了一顿。父母高兴地又奖励我们去积木乐园玩了两天。

让我们无法相信的是，乐园里几乎每样东西都是用塑料积木建成的，我们在那玩得可开心了。坐了很多不同的飞车，自己还可以开一辆小汽车（也是用塑料积木制成的），结束后我们还得到了积木乐园发给我们的驾驶执照，上面还有我们的照片呢。

在那段日子里，我们还有一样最爱玩的就是在我们家附近玩滑板车，一玩就上了瘾，足足玩了两年，直到玩坏了为止。我们从 20 英尺长的车库道的坡上向下滑，或者在二百多英尺长的下坡道上飞速地滑下，这让我们很兴奋！我们还可以转圈，可以跳跃。别提有多刺激了。

当学校的课业就要结束时，夏季的奥林匹克运动会也即将开始了，我们非常高兴地获得一个令我们惊喜的消息，《洛杉矶时报》选登了我们俩的文章，内容是“假如你是一位在雅典奥运会上的运动员”。这个好消息终于让我们俩有些感觉，我们也是彼德森写作家族中的一分子了，真的觉得很骄傲。

中国十日游记
China – A Travel Journal

第一天

梦想成真

2005年6月21日

莱丽克·梅花·彼德森

暑假还没结束时，可我们就已经踏上了去中国旅行的航程。我总是默默地期盼着越早越好，真的是等不及了，我的心好像已经都飞到姥姥家去了。

中国民航的起飞技术可真棒！仅仅用了非常短的时间向前冲刺，就在几十秒钟后，飞机就腾空而起了。我很爱坐飞机，可是太困了。早晨一点半的那顿早餐和午餐我通通错过了。还好晚餐我没有放过。

我总是不停地问妈妈，到北京是12个小时的飞行吗？她总是笑着回答说："对，没错，宝贝。"直到最后，让我高兴的是那烦闷枯燥而又颠簸的12小时的飞行终于在黎明破晓之后结束了。使我大吃一惊的是北京的天气既发闷又酷热，一股热浪猛地向我袭来。我们乘车到了候机室，等着老姨夫来接我们。不一会儿，我看见了他那魁梧健壮的高大身躯，粗壮而有力的臂膀，老姨夫面带笑容地迎了过来和我们打招呼。

上了老姨夫的白色捷达轿车，不知怎么搞的，我的情绪开始高涨起来。我目不转睛地看着车窗外的马路。我还从来没见过路上有这么多的人，这么多的自行车，还有各种大小形状、款式颜色都不同的车。鳞次栉比的摩天大厦。这还是清晨呢，怎么马路上就熙熙攘攘地热闹起来了。我一下子就感觉到中国和美国的不同。这算是我对中国的第一印象吧。

我全神贯注地注视着车窗外面的一切，感觉很新鲜。不知不觉中老姨夫的公寓楼已映入了我的眼帘，这是千百座崭新大楼中的一个，高踞在邻楼之侧。与美国公寓楼不同的是，外面还有警卫站岗，看起来壁垒森严而又庄重。

进楼后，我们拖着沉重的大旅行箱，跌跌撞撞地进了闪闪发光、并带有闪光号码牌的电梯。到了六楼，老姨夫家的双道门打开了(在美国我从未见过这种门)，迎面扑来了桃花的香味。

我环顾着四周令我惊讶，这房子太漂亮了。房间里有21世纪最时尚的电器和家具用品，一个大大的电视机和一组浅黄色的皮沙发，两个豪华的大卧室，那镶嵌着珠珠的淡紫色的乳质窗帘，还有抛光的深红色的木地板，可以从地板上看见我的倒影。这一切的一切都可以和任何一个美国的房子相媲美，我敢说，很多美国人过的日子也没有这里好。“哇，这就是书上说的‘第三世界国家’吗”？我从没有想到过“第三世界国家”的人民生活如此美好。

早饭有大米粥、面包、荷包蛋……真是吃得太饱了。休息片刻，我们就又上路了。去天安门好实现我梦寐以求的心愿。

当我站在天安门前时，我想起以前曾经看过的画报、杂志、电视节目、旅游广告、电影等中的天安门。那些都跟眼前的天安门一模一样，但眼前的可比我过去见到的任何天安门都更高大，雄伟得多了。天安门广场足足有九十个足球场那么大，它真不愧为世界上最大的广场。我突然间感到，当我站在这既古老而又现代的标志性建筑物面前时，真好像有一种无形的东西在碰撞着、挖掘着我内心朦胧的梦想。

多年来，我一直渴望去天安门广场看一看，现在终于梦想成真了。天安门城楼坐落在广场的北面，它坐北朝南，巨幅的毛主席画像挂在上面。天安门城楼是红砖砌成的，那是中国的象征。五星红旗高高的随风飘扬。人民英雄纪念碑高耸在广场正中间，人民大会堂坐落在西面，国家历史博物馆坐落在东面，毛主席纪念堂坐落在南面。我似乎感到了宏伟、端庄、大气的中国之风迎面扑来，我无法形容当我看到天安门广场时的那种感觉既幸运又骄傲。

我感到幸运的是，有许许多多的孩子都想到天安门广场来，但可能因为他们的父母没有足够的钱或足够的时间来实现。全世界又有多少人曾渴望到天安门广场和紫禁城内玩一玩，但对有些人来说这可能只是个梦想而已。

我更感到骄傲的是，在我的血液中还流淌着一半的中国血脉。更令我欣喜的是，这具有五千多年历史和文化的卷宗正在我面前敞开。我非常高兴地听妈妈和她的同胞谈论着美妙喜悦的事情，我感觉周围的一切都太美妙了。我对这古老的家园更感到温暖和亲切。爸爸走过来说已经叫了我三次还没听见。哦，可能我太全神贯注地想着眼前的一切了，我得赶快追上他们。

走过汉白玉的金水桥，巨幅的毛主席画像挂在天安门城楼正中。然后就到了紫禁城，这里居住过 24 位皇帝，也是末代皇帝

溥仪曾经住过的地方。

我看到了皇宫。金色的琉璃瓦宫顶及上面一排排金光闪闪的琉璃小动物，院内的所有墙都是红色的，这一切都象征着皇权。我们还看到了各种各样的御座。其中有一个御座，四周布满了仙鹤和荷花的装饰。这是我看到的最美的皇帝的宝座。

一进宫殿，我就被那精雕细刻的石狮惊呆了。紫禁城共分三部分，皇帝的御政殿，后院是皇帝活动区还有他的寝宫。

在紫禁城内到处都能看见龙，这也是皇权的象征吧，你可以感到龙越多就越能显示皇宫建筑的威严。这里有上百个房间，间间都有珍宝。有溥仪会友的地方，有他度过新婚之夜的新房，那里充满了特殊的神秘。

北京的空气污染严重，再加上天气的酷热，我几乎要晕倒了，幸好妈妈给我买了绿豆冰棍，味道好极了，和美国的冰淇淋截然不同——冰多，牛奶和糖很少，但我还是很喜欢，尤其是在炎热的天气里。吃完了冰棍，我还是难受得要死，可固执的爸爸却硬逼着我去参观皇家的后花园。这里的景象很奇特，我看到了许多珊瑚礁、石狮，树根长出地面错落有致地扭在一起的怪树。

走出故宫，我就乐颠颠地进了北海公园。它像是紫禁城的巨大后花园。宽大的湖里有鲤鱼、鲶鱼，还有大大的金鱼摇头摆尾，静静地酣游着，好像在欢迎我们的到来。

我们开始向山上爬去，一直爬到最高处。从那里俯瞰北海公园的全貌，真是景色宜人，美不胜收。那宝塔闪闪发光，汉白玉桥清晰可见，依依的夏日垂柳清清地飘荡在湖面上。各种龙舟彩船、天鹅船，传统的欧式古船和中国式的游船载满了游客悠然游

阿弥陀佛，请保佑我们去哈佛

火游北海

弋，欢歌笑语荡漾在湖面上。

我们也登上了一条很讲究的游船，优哉游哉地穿过了北海的湖面，尽情地赏景观光。最后我们来到了北海的北岸，看见一位留着长发的男子在弹吉他，有十来位老人围着他合唱着文化大革命时期的歌曲。有时，妈妈也情不自禁地跟着唱了起来，我感觉太新鲜，太有趣了。这样的场面在美国从没见过，美国看不到很多老人聚在公园一起唱歌。

我们步行了很久很久才走完北海公园。我们叫了一辆出租车，驶向了军事博物馆附近的麦当劳店。在那里，老姨夫接我们去了非常华丽的北京五星级烤鸭店。饥肠辘辘的我实实惠惠地饱餐了一顿，我不吃狗肉和兔肉，可我一定要吃这个烤鸭，特别是那上面还涂了一层特殊的酱(甜面酱)，也正是这一点，要比我在美国吃的北京烤鸭好吃得多了。

吃完晚饭，我们去了“家世界”——一个大型超市。那里的物品琳琅满目，无所不有，酥饼、糖果、肉类、鞋等等，想买啥就有啥。这个超市和美国的超市几乎一模一样，只是更大、人更多、更拥挤了。我们买了中国的鞋和一些食品，就开车回到了老姨夫的公寓，又一次闻到了那熟悉的桃花芳香味。晚九点后，我洗漱完毕，就一头倒在床上，酣睡如猪了。

第二天
探索天安门广场

2005 年 6 月 22 日

达丽娅·兰花·彼德森

今天与昨天不同的是我们要仔仔细细地再看看天安门广场周围的一切。我们先去了人民大会堂，这里是全国人民代表大会和全国人大常委会的办公场所。是共产党和人民团体组织在这里举行政治活动的地方，也是中国的国家领导人和人民群众开大会、举行政治、外交、文化活动的场所。令我不能相信的是还必须花钱买票才能进去。付钱后，我们就进入了人民大会堂，先要通过安全检查，还要将淋浴时用的塑料帽套在脚底下，以免把地板弄脏和磨损了。通过安检后，进入了主厅。我们头上高悬着三盏巨大的水晶吊灯，每个灯重 1.2 吨。还有壁画和水晶灯交相辉映。哇！太美了！也很庄严。

我们继续参观，导游告诉我们，1958 年至 1959 年由志愿的义工仅仅用了十个月的时间就建成了这座人民大会堂。这里有 30 间大会议厅是以中国各省市命名的。上海厅给我留下了最深刻的印象。波状的水晶体管依依垂下，由绘画衬托着更显得美丽动人，浑然一体，使上海大厅更加绚丽多彩。看起来很像洛杉矶市中心的缩影。

梅花、兰花对邓小平印象很深

人民大会堂的万人大礼堂非常壮观。一个巨大的由玻璃制成的红色五角星镶嵌在天棚正中央，还有淡绿色和黄色的小三角灯在四周簇拥着它。大厅里拥有一万个座位，看上去非常的宏伟气派。

紧接着参观毛主席纪念堂。我们快速地加入排队的人群中。使我不能理解的是这才刚刚是中午，怎么竟是最后的一次机会了呢，马上就要关门了。妈妈以前还从没参观过这座纪念堂。可她不能和我们一起排队，因为妈妈要看着包，又不能把随身携带的东西带进去，只好由她在外面看包了。妈妈太高尚了！可我感到很沮丧，妈妈不能进去，我急得眼泪都快流出来了。突然，妈妈

不见了。几分钟后，排队的人群开始向前走了。这时妈妈汗流满面地向我们飞奔过来。我从没见过妈妈跑得这么快！她把包裹存上了！好心的警卫让妈妈进去了，这可真是对像妈妈这样的海外华侨的一种优待。这些人远渡重洋时间很有限，如错过了就很难有机会再来了，这对他们来说是太重要了。

在最里面的房间里，只有一个很特别的又是透明的可以供大家观看的水晶棺而已。毛主席脸朝上躺在里面。我听说棺里面是没有空气的，这样才确保他可以永久地保存着。起初，我有些不相信会真的是毛主席本人躺在里面，我猜想着可能会是个蜡做的人吧。可再仔细看时，很快我就消除了怀疑。是的，那就是毛主席，真的是他。最初看起来毛主席好像是在睡觉。他穿着一双黑色的平底鞋，深色的中山装(爸爸称之为毛装)。据说，那身体已经被防腐涂蜡处理过了，以便更好地保护他的躯体。他的下巴中间有着一颗明显的痦子。依我看他的眼睛好像还睁着，放射出一种很自信的光，好像他活着似的。可再细看时又不像是真人了，他好像在梦幻之中。这也许是蜡封的效果吧。哇！听说这永远会保存下去。我想在美国还没有这种水晶棺。我在想为什么只有毛主席会在水晶棺里呢？妈妈的解释说，是毛主席在1949年赢得了革命的胜利之后，才建立了新中国。

灼热的阳光立即射得我眼睛发红好像要流水。我们又去了中国历史博物馆，馆内珍藏着七百二十多件无价之宝。其中一件艺术品是7头牛站在石林坡上，而两只老虎从两边爬上来。我们深感惊讶地看着那些出土的玉雕和木雕耕牛。还有一件更神奇精品，是12头耕牛错落有致地向不同方向张望着，那逼真的雕刻技术令我合不上嘴的惊叹着。这些都是中国拥有的历史性的艺术佳作。我们还看到了乳白色和翠绿色玉石上雕刻的各种人物,真是巧夺天工啊!

古老的中国历史凝固在这些金属和宝石上。这些青铜器时代的物品,极详尽地展示了古老的历史和博大精深的文化。我能清晰地看出精雕石刻中的面孔及美丽的铜制动物,这一切好像只有在梦中才看得到。在美国我可从没见过这样珍贵的有历史沉淀的无价之宝。

下个展览厅的展出使我觉得很有趣,有很多的石膏雕像、大理石的断臂人体像、诸男神女神,全是关于人与神……哦,原来这些都是来自古希腊的历史文物。我有些不解的是为什么希腊的历史会在这里展出。爸爸解释说,有可能与前年在希腊举行的奥林匹克运动会有关吧。这提醒了我 2008 年北京奥运会的事。我无论如何也不能错过这件大事,我想要来看奥林匹克运动会。在博物馆的外面我还看见了非常有趣的为 2008 年北京奥运会倒计时的大大的电子表,让我觉得很不寻常。

离开希腊馆之后,我们又进了下一个神秘的馆。我看见两个人在那里照相,嘿,慢一点,这其中的一个人竟是毛主席,是我看错了吗,哦!原来他们是蜡制的。这里有很多的名人,有十大元帅,还有姚明。原来这是个蜡像馆。

我认为姚明的蜡像可不像在电视上 NBA 篮球赛上所看到的那么酷又很帅的样子,这蜡像做得一点也不好看。比尔·盖茨看起来也不像,可是那些古代的皇帝们个个都很棒。我跟邓小平、毛主席、列宁、孙中山和十大元帅、分别都照了很多的相,我

在北京的狗不理包子店前

觉得很开心。

走出博物馆，炙热如烤。我感觉非常的疲倦，也很饿。我们向天安门广场南面走着，路上见到一个没有手的残疾人，他不得不用两个手腕夹着笔写字，他也不能自理。我觉得他很可怜，这个人怎么这么不幸呢。

我们走呀走呀，一直走，走到了一条非常繁忙的大街，看见了一个包子铺。店门口有个黑匾，上面有三个大金字“狗不理”，意思就是连狗也不理会。我们终于可以吃上饭了。这里有猪肉、蔬菜、海鲜等馅的包子。妈妈要了不同馅的包子，可他们却都放在一个大盘子里了。我真幸运，我就是爱吃猪肉的，和一些菜类的，一连夹了五个都是猪肉的。吃得太饱了。这时我看见店铺门前那涂着油漆的雕像可能是太监在伺候慈禧吃包子呢。

关于“狗不理”包子有很多传说。爸爸说：美国一本导游书上记载“狗不理”的传说，说这是发明者的名字，他就叫“狗不理”，这个名字保护他不受鬼怪之害。然而，我从姥爷和美国的厨师那里听说，古时候天津有一个厨师叫高贵有，小名叫“狗子”，他发明了这种包子。他总是很害羞，不喜欢说话。当他给顾客拿包子时，也从不开口说话，顾客们拿了包子后就会自动地把钱放进桌子上的大碗内。事实上，顾客叫他“狗不理”，是因为他不想对任何人说话。

午饭后，我们沿路往回走，并搭乘一辆三轮的蹦蹦车去天坛公园。小车拥挤不堪，只能坐两人，可挤进了我们四个人，我坐在妈妈的膝上，莱丽克坐在爸爸腿上。这种做法实在是不安全。

但不巧的是天坛正在装修，直到明年春天才会开放，整个北京都在为2008年奥运会作准备呢。炎热令我们疲惫不堪，可我们还是在继续地往前走，从未停过。无奈地看着路两旁的树还有前面的小路。

天气火辣辣的，热浪灼人，犹如烧烤一般，不能相信的是，我们竟然忘记了带水！洛杉矶好像是从来没有过这种热。在洛杉矶无论怎样热，都会有海风徐徐吹来。天坛大部分都用钢管架子和绿色的毯子覆盖着，但基本情况还好，可以看到鲜花、石雕的动物等，我还可以想象得到当把覆盖物都拿掉时，那将会是怎样的一番景象。

最后，我们打车到了长安街，从那打道回府，乘老姨夫的小

轿车飞驰到家。多么紧张而又辛苦的一天。到家后我才轻松下来,一切压力都不见了,紧绷的神经也松开了。还在电视上看了一场京剧。爸爸就是喜欢看京剧,不知道他是在那欣赏什么呢,我真有些怀疑他能看懂吗?可他却不时地哈哈大笑,笑得我有些莫名其妙。

2005年6月23日

莱丽克·梅花·彼德森

第三天
颐和园之旅

原以为今天玩得会比较轻松，可恰恰相反。老姨夫开车把我们送到拥挤的地铁站，我们就钻进了像三明治一样的地铁里。地铁列车轰鸣着全速行驶，比洛杉矶的地铁还快。我们从西直门出站后，又坐上公交车直奔颐和园。

当我们看到蜂拥的人群时，就意识到——这就是占地有二百九十多公顷的皇家公园了。爸爸告诉我，这里用了十五年的时间才建成。

我们刚一进门，就看见了石雕的鹤、鸬鹚等鸟类排列在花园的四周。巨大的昆明湖内盛开的荷花争奇斗艳。眼前的一切犹如仙境。那粉红色的荷花，在一片片翠绿的荷叶衬托下与洁白的玉石桥交相辉映。那浓彩艳装的游船在湖面上荡漾。金碧辉煌的佛香阁矗立在绿荫环抱的远方，如此神秘的美景深深地吸引着我。

我们在柔和的晨光下，欣赏着曦光辐照的像是珊瑚礁般的绿色湖面，荷花周围涌动着弯弯的涟漪。有一座房子里还陈列着玉石、大理石的工艺品和各种古代珍宝。这真像具有中国风格的庭院博物馆。展品中有各种各样的西式家庭用钟，这些钟也是皇帝宫廷曾用过的。有一个钟与我家客厅里所挂的爷爷的挂钟很相像。这里还有后宫嫔妃用过的梳子、妆饰用品等熠熠生辉的珠宝首饰和闪闪发光的银质餐具。有一块巨大的石片上刻着古字，还有外国人送给溥仪和他妈妈的陶瓷器、银茶具等礼品。

我们又走进了长廊，这是世界上最长的户外长廊，像一条红色的巨龙盘踞在昆明湖的北岸。我们走进长廊边的花园，漫步在草坪中，在这歇了一会儿，吃了一杯酸乳酪后，又继续在长廊漫游。长廊的柱子、横梁、顶棚，共用了一万多幅画来装饰。这些画可以追溯到十八世纪。乾隆还曾派画师去杭州取经，那时就开始有长廊的画了。

画中有孙悟空、荷花林、玫瑰园、仙女等等。还有些人穿着奇妙的长袍在树丛中祈祷……这些画像是一本集中了中国文学、历史、地理、神话的大书。长廊的两侧有红石柱和长凳，约有半英里长。说它是世界上最长的长廊，的确是名副其实呀！妈妈还说，每一幅画都像似一幅缀锦的诗画，而且里面都有一个好听的故事。

我们开始爬万寿山，这条山路坡又陡又长，有些险峻，直通去佛香阁的顶峰。那里有些堂皇的宫廷建筑，还有一些陡峭的岩石。糟糕的是有很多建筑在维修，我们没有办法直接上到主干道的中心处——这使我们感到很沮丧。我和兰花就绕道继续向上爬，这条路对我俩来说的确有些危险，高低起伏的大石头增加了登上顶峰的难度。但我们就是好奇，也喜欢这种冒险。可实在是让爸爸妈妈着急得发疯。

我们又来到苏州街，在宫廷建筑与河沿之间漫步，那河水静

梅花在颐和园的苏州街

得像一面镜子，过多的水草使河水呈碧玉色,那河水绿得像一块宝石。美丽的蜻蜓在河面上戏水而飞。我欣赏着洁白如玉的石桥和那翠绿的垂柳树相拥在水中的倒影。沿街的饭店都是仿清朝的风格。男女招待也穿着清朝的服装。有个房子的屋内还摆放着当时用过的纺线机和织布机,好古老啊。这里的一切让我觉得好像时光倒流,我自己完全置身在清朝时空中,正在清朝的小巷中散步。

我和兰花都穿上了一套清代的服装,留影作为纪念。那硕大的粉色和金黄色相配的荷花头饰镶有金边，大红配粉色的上衣和长袍,再加上件白颜色毛茸茸的过冬棉背心。有人告诉我,这些都是皇后穿的衣服。我非常高兴也能穿戴得像皇后一样,真开心!在美国上哪去找到这样的衣服啊,也从来没有这种乐趣可寻的。

我们很疲倦地转完了一大圈,回到昆明湖旁,路过了那条豪华的汉白玉大石船。石船有一个巨大的龙头和龙尾,那龙头活灵活现,非常壮观。它有36码长,人们称之为“长船”。有大荷花的波纹刻在船的两侧,还有石栏杆和石凳。我遐想着若能骑在那龙身上,噢,天哪!它要能飞该有多好玩啊!尽管知道它不能动,我还是这样幻想着。

我们说服了爸爸妈妈在昆明湖上放舟脚踏船。踏这种船可把我累坏了。上船后,爸妈完全放松了让我俩来控制这条船,我俩全力以赴地蹬着踏板。累得我满头大汗。

我们紧紧地握着方向盘驶向想去的地方。兰花和我想去十七孔桥,但是我们不能顺利地驶往桥的方向,船在水中打圈圈,一会儿碰上了护墙;一会儿又离开了航道。当我们刚刚移回正确的方向时,一只游艇又突突地迎面驶来,我们猛地踏着脚板准备逃跑,又急速地转着方向盘,仅差一英寸没有相撞。哦,好险哪!我心想,这条顽固的小船,怎么就是不听我们的指挥呢,是因为我们是外国人吗?!绝不可能,我们一定要征服你!这小船好像听懂了似的。同时我们也更加卖力,驾驶船的技术也开始好起来,左弄右搞地开到了航线上,最后终于开到了十七孔桥。在那又欣赏一会儿桥东面的逼真的铜牛雕塑。还差二十分钟时,我们就朝码头方向驶去。

我终于明白了,踏船行驶可不像看到的那样简单,踏船的人必须有力气和经验。船刚返回岸边,我们的时间也正好到了。我已经累得筋疲力尽了,再加上太阳的曝晒,我简直成了烤炉中的一片干牛排。我抖了抖身体觉得好像已经掉了五磅的肉,我的手也因为握方向盘太久而麻木了。这时,妈妈给我们俩一些糖果,就算是对我们的奖励了吧。

回家后,我累得要死,但是很高兴,因为我做到了我想做的事——我们到了十七孔桥,也看到了铜牛等古老的文物。我们如愿以偿。颐和园比迪斯尼乐园好玩。迪斯尼只有米老鼠、顾菲和唐老鸭及一些游乐场。可去颐和园这里的风景实在是太美了,又让我们追溯到了中国的历史,捕捉到了中国的古风。嗯!我很希望能将这美好的一切都带进我的梦乡,在梦里能继续地玩下去……

2005年6月24日
达丽娅·兰花·彼德森

第四天 神秘有趣的一天

今天又是高达华氏一百多度，炎热如烤。

我原以为喇嘛宫就是一个崇拜北美驼羊的庙宇。可让我觉得非常的迷惑不解。哦，我的天哪！我完全给搞错了。原来是因为喇嘛和驼羊这两个字的英文发音是一模一样的，所以把我给搞糊涂了。

出地铁后，走了一会儿就到了喇嘛庙的门口。还没进宫，烧香的气味就已扑鼻而来了，这使我想起了我们曾去过的洛杉矶的西来寺，著名的星云大师就住在那里。

我一进喇嘛庙，就看见了一个又深又大的铁香炉，里面装满了香灰，天长日久香灰都结成了块。浓浓的香烟缭绕，笼罩着整幢庙宇，我们也被埋在了烟雾里，仿佛置身于飘飘然的梦幻之中。

我们见到了老道，他头上盘着道髻，黑色的道帽，帽耳长垂，很像日本餐馆的男招待。妈妈告诉我，老道很少理发，按照教规，把头发绾成发髻压在帽子里。

我们看见许多香客在菩萨面前跪在带有花图案的小垫子上焚香祷告。内堂上供的盘子里摆满了最好的桃子、苹果和李子。

我和梅花也一起跪在菩萨脚前，祈祷说：“阿弥陀佛，请保佑我们去哈佛。”这段话我俩是用中文说的。我不得不说中文，我生怕这些神灵听不懂我们说的英语。然后又磕了三个头才离开，再去其他的庙堂拜佛，共做了 12 次，人说心诚则灵。我期盼着会显灵。

我们进出了五个堂院。每个堂院都是按东西南北布列成四个庙房。中国人管它叫四合院，每个堂厅供奉不同的佛。堂厅是三角形屋顶，金色的门槛，房屋是黑色、金黄、红色各不相同，多数房顶铺着金色的琉璃瓦。

万福阁，也称千喜庙。堂内的每样东西都显得陈旧而灰暗，可庙内有一种无形的又很强烈的神气使这间庙宇生辉发光。那是一种看不见、摸不着的辉和光。

在堂内，供奉的如来佛，真是大极了。佛头顶着天棚，一只脚足有两英尺长，整个佛像是熠熠生辉的金身。金丝线从佛肩上扯到佛手上。看到这些，我目瞪口呆。所有的菩萨都是金身大耳。有些菩萨是好斗的形象，有些菩萨令人崇敬。菩萨们摆着各种各样的手势千姿百态。我感到坐在宝座上的如来佛生有灵气，好像他正在微笑地看着我们两个从美国来的小双胞胎姐妹在向他顶礼膜拜，祈福求善呢。

我们还看到了玉皇大帝的神像。他是天上诸神之王，还有他的贪心自私的皇后——王母娘娘。我知道这些是因为看了 52 集的电视连续剧《西游记》卡通片。那故事中描写了淘气的猴哥。

喇嘛庙给了我很奇妙的印象，更感到神秘莫测。

出庙后，下起了毛毛细雨。我看见地上铺着的一条大破毯子，有三个人，那个男人为他生病的妻子和孩子在乞讨。他的头在坚硬的水泥地上不停地使劲磕着，他身旁有一个罐头盒，里面装着一些零钱。我真担心他这样会伤到自己，我们都很同情他。我和梅花把口袋中所有的钱都给了他。

到了中午，我们连午饭都顾不上吃，就直奔动物园去看熊猫，我们太兴奋也不知道饿了，就立刻挤进看熊猫的人流之中。昏昏欲睡的熊猫距离我们只有几英尺远。它们个个都是肥肥胖胖的，有个熊猫的大肚子鼓鼓的好像里面有一对双胞胎就要出生了。我轻轻地敲着厚厚的玻璃，希望吵醒它们。可熊猫们无动于衷。我们等啊，等……我开始叨咕着：嘿！我不得不说，“你们也太懒了吧，我从很远的地方来看你，为什么你不和我们玩玩呢？”我尽全力让熊猫醒来，但我想熊猫听不懂英语吧。最后我又用中文说：“我求你了，快起来吧！请跟我

阿弥陀佛，请保佑我们去哈佛

们玩儿一会儿吧。”又过了好一阵子，一个大熊猫睡醒了，也可能是它听懂了我说的话吧。它太可爱了！它有一个肥肥大大的身体，粗粗壮壮的短腿，两只黑色的大圆眼睛好像面具一样戴在了脸上。旁边，还有两个大熊猫也醒了，它们为争一枝竹子而打了起来，斗输了的那只就发出低哀的叫声。

这比在美国看熊猫可过瘾多了。爸妈曾领我们去洛杉矶南面的圣地亚哥市动物园看大熊猫。整整排了一个多小时的长队，可只看了几分钟就必须随着队伍往前移动。看熊猫时，我们不能说话，也不能发出任何声响。在美国，他们把熊猫当成国王一样地照顾着。但在北京，我们想和熊猫大王玩儿多久，就可以玩儿多久。北京熊猫馆里有很多的熊猫，像个儿童的欢乐园。

我们又到了鸟展区，看见了许许多多美丽的鸟，有红色、金色、粉色、绿色、橘色、黄色、黑色，各种色彩斑斓的鸟，错落有致地悠居笼内。这里还有很多外国的鸟，如琵鹭、巨嘴鸟、鹦鹉、金刚鹦鹉等。看到天鹅时，我们情绪就更加高涨了。天鹅是我们的最爱，在家时，我们就是爱画它，而且画过很多只天鹅。我们很想和天鹅玩儿一玩儿，于是就向天鹅扔面包渣，可它们连理都不理我们一下，这也太傲慢了，真令我们失望。可我还是坐在那里等。这时我想起了去年发生的一件事。我们去夏威夷度假时，妈妈头上戴着芙蓉花，面带微笑看着相机准备跟两只雪白的白天鹅照相。为了把天鹅收进镜头，她右手还拿着一束兰花引逗着天鹅。天鹅好像要吻妈妈的手，突然，妈妈跳了起来，她丢掉了手中的花，喊着跑开了。我猜她是被天鹅咬到了手。真是太好笑了。

看完天鹅，离开了鸟展区，我们就在湖边走走，湖里有棕色的鸬鹚和鹈鹕在滑水游玩。湖边大柳树上有一家猴子在休息。猴妈妈、猴爸爸精心地呵护着它们的孩子，并为它们的猴宝宝造了个小窝，还为猴宝宝抓虱子呢。真是一个和睦融融的幸福家庭。

我们又继续向前走，看见了狒狒和长臂猿等猴族动物。在狒狒展区，有一个大狒狒抓住了它的小宝宝和太太，狠狠地打。一个猴爸在很陡的墙上追逐它的孩子，它不耐烦了，发出了嘟噜、嘟噜的抱怨声。它上上下下地奔跑着，试图抓住它的小宝宝。如果它抓不住，就向它的妻子猛扑，以泄怨气。这是多么奇怪的另一类家庭呀。

在野猪、狮子等野生动物区内，一只老虎从水中跳起想捉鸟，结果失败了。它那强有力的大爪子，足以把我打扁在地。还看到了几只并没有关在笼子里的大大的野火鸡。梅花和我追得它们四处乱跑。火鸡一定会恨我们，但我可以确定的是它们也得到了很好的运动。

我敢说，北京动物园比洛杉矶动物园又大又有趣。

突然乌云密布，狂风四起，有种黑云压城城欲摧的感觉。我们预感到大雨即将来临。爸妈作出决定，雨会来得很急，要立即离开动物园。这时，我觉得非常难过，还没玩儿够呢，怎么能走呢。妈妈已叫到了出租车，上车后倾盆大雨如注而下，大雨穿透了大地，大雨洗涤着整个北京城，我在想，明天一定会看到崭新而又干净的新北京城。

第五天 登上了万里长城

2005年6月25日

莱丽克·梅花·彼德森

我内心深处总是期盼能早早地去爬长城，所以当妈妈告诉我明天就会去时，我就太兴奋了，真的迫不及待。我知道长城是世界最著名的四大奇观之一。从月球上看地球，仅仅能看到两个标志物：一个是埃及的金字塔，另一个就是长城。我早就渴望登长城了。

在去长城的路上，到处可见姚明的巨幅照片，北京市内也有很多他的照片，太酷了。我们刚刚在洛杉矶的篮球赛季和电视篮球赛上看到姚明。在美国，姚明很受尊重，在抽样调查中，有时他会成为美国 NBA 最受欢迎的一流球星。我总是希望，有一天他能成为我们家乡"湖人"队的一名主力那该有多好啊！

路上爸妈在跟我们讨论着有关长城的一些话题。我也读过不少有关长城的书。我知道，长城是战国时代，两千年前开始建造的，我们登攀的八达岭始建于1368年，绵延二百年才建成这段。你能想象得到吗？从那时起已有多少的帝王交替和朝代的兴衰呀！对此，我不知道，就连爸爸也不知道。我真希望将来可以学到更多的中国文化和历史，那时我就能回答这些问题了。

长城是由岩石和大块灰砖筑成的，平均高达 7.8 米，底宽 6.5 米，顶宽 5.8 米。两侧都是用砖石垒成的。上面铺的是大块灰砖。砖和石头内用特殊的黏土和小碎石塞进其内混合而成，将其粘接后劳工们再竭尽全力地将其夯实。你可以在长城破损而没被修复的地段看到它的内部结构。随山势蜿蜒的长城上有孔门和瞭望的烽火台。你能想象得到吗？这是多么了不起的奇迹！真是令我感叹不已。

向北京西北方向驱车约四十英里后，我们到达了八达岭。这是一个要塞，也是今日旅游者必到访之处。我们爬上长城，俯瞰这一切，长城好像一条巨龙，蜿蜒曲折地盘踞在那崇山峻岭之

兰花登上了长城

上，成千上万的游客穿着五颜六色的夏装，如同为这一巨龙披上了一道彩虹。我的脑海中立即浮现出一幅美妙绝伦、色彩斑斓的水彩画面。同时我又联想到了中国是世界上历史最悠久的国家之一。人民聪明又有智慧，勇敢坚强又吃苦耐劳，多么值得骄傲啊！他们才是真正的超人。

天公作美，细雾蒙蒙，这也可能是因为今早太阳起床晚了的缘故吧。如果太阳像火球一样炙烤，我们就会觉得没有现在好玩儿了。真的还要谢谢老天爷呢。

1986 年，爸爸曾经爬过长城的北坡，所以今天我们要继续向南爬。再向上爬，我开始庆幸当初没选择去北京东北的西门台爬长城，如去了那儿，我想可能就要手脚并用去爬了。现在我们爬八达岭就已经够艰难的了。尽管城墙上面宽至六匹马可同时并行，可由于游客太多了，仍然是拥挤不堪。再加上太陡，我的胯骨非常痛，很难直立，如果直立则会更加艰难，我真担心当我爬到顶峰时，我的胯骨会散了架子。我保持着 45 度角的姿势向上爬着，这可没有想象的那样好玩儿了。爬到更陡处时，就不能停下来，如你想要伸伸腰站直时，就一定会摔倒。所以我只能弯着腰，一步步地，向前，向前，再向前！

我们在第一烽火台停下来跟骆驼拍照。坐在骆驼的背上，我想到了当初建长城时也许正是靠这些骆驼运输才得以施工的吧。照完相，我们继续爬，终于到了顶峰。在明朝时使用的另一个烽火台，我又骑在一匹马上照相。坐在马鞍上，我仿佛看到了几百年前那勇敢的士兵们站在这个哨位上守卫要塞、保卫家园的情景。我们已经走到了险路的尽头，再无路可走了。真有点失

愿做中美双桥花

天黑了还舍不得睡

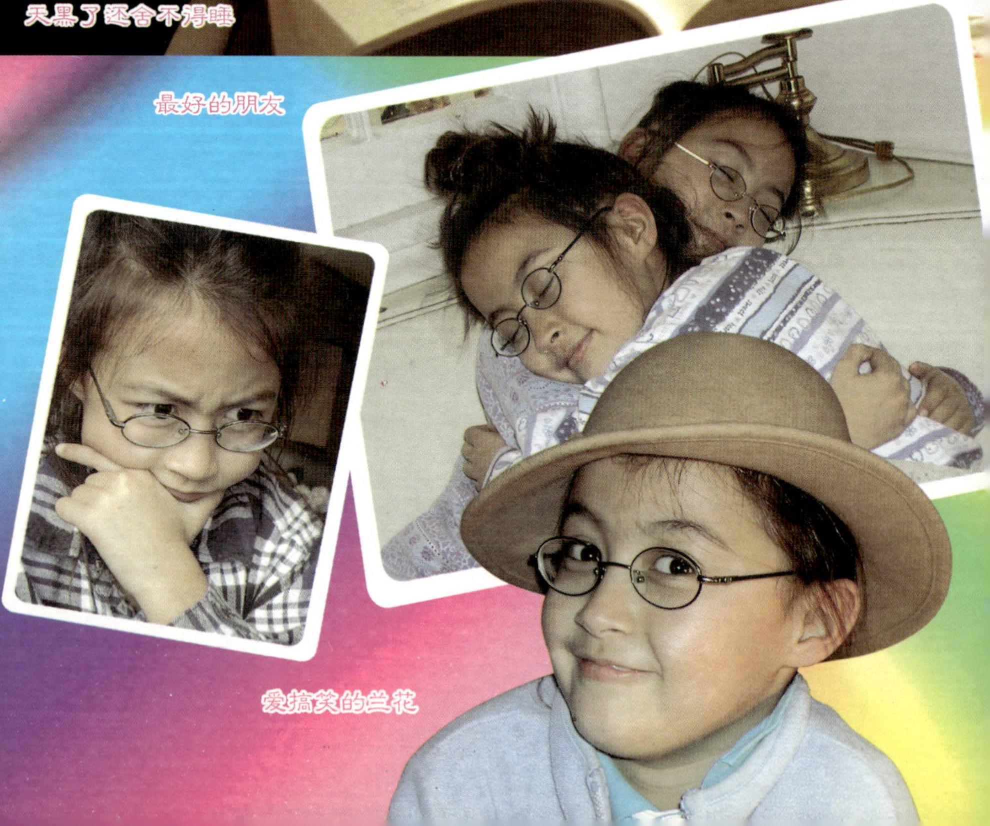

最好的朋友

爱搞笑的兰花

圣诞小姑娘
兰花爱花
爱看各类书

1 酷爱大海的小姑娘玩在夏威夷

2 看！刚从大海中捞上来的

3 周末去海边溜冰
4 梅花在大堡礁潜水
5 周末海边游

平日喜欢溜冰

花样游泳

2010年的梅花、兰花

看谁更可爱

酷爱宠物

Dance
Our passion, our pride, our joy
A shining moment in our lives
It makes our souls blossom
Joie de vivre!
Dahlia and Lilac
Dahlia Peterson
Lilac Peterson
蘭花 梅花
2008 Showstopper American Dance Championships Duets Gold 1st pla

望！我们还没走上两英里路呢，可那长城却是几千英里长呀，中国人管它叫“万里长城”。这比起我平日爬山还短了些，对我来说，真想爬得再远一些。

在这里，我们买下了精雕细刻的万里长城黑色的大理石工艺品，上面用小电钻刻上了我们的中国名字，还刻上了一行汉字“我们登上了万里长城”。我们还买了金色的属相牌，买的是有老鼠的金牌，因为我们都是属鼠的。这些纪念品，对我来说是很珍贵的。它记载着这一重要的历史时刻——我登上了万里长城！

我们连跑带颠地在陡峭的台阶上爬上爬下，往回走。我们跟爸爸争吵要坐滑车下去。滑道辗转回曲，风景一掠而过，目不暇接，难以尽收。我们又往回走了 30 分钟，才找到了老姨夫的小轿车。他把车座放倒，已经睡着了。我们叫醒了他，可他还睡意未消。我心里觉得有些过意不去，他太累了，已经工作忙碌一周了，周末还要早早起来送我们到八达岭来旅游，看来，他已经筋疲力尽了。我只能希望如果有一天他到美国去，我们一定要像他招待我们一样地招待他。

老姨夫很快把车开到了神道。爸爸告诉我们，明朝的 16 个皇帝中有 13 个皇帝埋葬在天寿山南山脚下，称之为明陵，中国人称之为十三陵。爸爸比大多数美国人更早参观了明陵，因为他喜欢中国的文化。他知道很多我不知道的关于中国的事。

很快我们就进入明陵区了，长而肃穆的大道（也叫神道）两边正好有 12 对石雕动物和大臣耸立在大道的两旁坚守着陵墓。石雕有站也有坐，每一对都是面对面分布在路的两旁。让这条大路显得非常壮观，看上去也格外地有情趣。路的右侧是绿茵茵的大草坪，翠绿的依依垂柳随风轻轻地飘荡着，含情脉脉地向游客和石雕们招手致意。还有几个农民在用手一根一根地拔着野草，我有些不解。在美国从没见过此景，人们都是用除草机，或用药水来杀死野草。但的确不同的是，这里的草坪上几乎看不见任何杂草，就像一大片翠绿翠绿的毛茸茸的地毯铺在了地面上。那纯纯的、嫩绿的小草随风摆动，显得非常宜人的美丽，有一种说不出的特殊美感。

通向明陵的神道上的那 12 对石雕，有骆驼、大象、马、乌龟等等，还有 12 个大臣——武官和文官。我很喜欢他们的面部表情。严肃的武士穿着紧身战衣，头上绾着发髻。虔诚的文官披挂的服饰尤其精致，护带盘腰，图案清晰，我很喜欢这些栩栩如生的形象。雕技精湛的石马那马鬃和马尾波状纹理清晰可见，仿佛如真马一样。我止不住地摸着拍着那匹马，好像再多拍拍它，它就能跑似的。我联想到以前看过的 86 集电视连续剧《三国演义》里的武将吕布、赵云和他们的战马。文官有诸葛亮、庞统等等。

在神道的尽头，远远望去有一座大门，门顶上是闪闪发光，金碧辉煌的琉璃瓦，那就是明陵进口。老姨夫告诉我们，明陵中只有三个陵——定陵、长陵、昭陵恢复了原样。只有定陵全部复原供人参观，有很多东西与北京城明皇宫很相像。我们进入定陵，有代表性的地方——地宫。这是明朝第 13 位皇帝(神宗朱翊钧，公元 1573—1620 年在位，年号万历)和两位皇后的合葬陵，是埋葬于明陵的十三位帝王之一。我惊奇地发现地面很潮湿，有很多地下水在渗透着。我们顺阶梯往下走，越往下就越冷、越黑。有些地方有灯，不然的话会撞墙的。

玩在明陵的神道上

最后我们看到了皇帝和后妃们的石头棺木。还看见了长明灯、石门槛，还有石雕的人和狮子守卫在大门口。门外有条石路由龙雕覆盖着，神龟石雕也称之为神佑柱的金属圆柱并列路两旁。柱上有许多祈福好运的文字雕刻。

在回北京城里的高速公路上，我们迷路了，我们想找昨天去过的那个饭店，那饭店旁长了许多的仙人掌，还有一条小河在流淌，整座的房子是由玻璃建成的，房顶也全是玻璃的，由金属边相连接着。小鸟嬉戏，鱼游浅底。整座餐厅都坐落在水上，由许多小桥连接引向不同的去处。餐厅的桌椅好像是用竹子做的，非常讲究。我感到北京很繁华、很富有。这个饭店有着人间天堂的味道。

我最喜欢中国餐馆总是有装着活鱼的大鱼缸，无论是在美国还是中国都一样。那里面都装有各式各样的鱼、螃蟹、虾和龙虾等等。这种鱼缸能保持它们更新鲜，也很好看，看见鱼儿漫游在螃蟹的背上，还有它们一个挤着一个，挺有趣的。

吃了美美的饱餐后，我们就开始看舞台上的演出了。有几个年轻的女子在吹笛子、拉二胡。还有唱京剧的，这是爸爸的最爱，每当他听到京剧就好像很欣赏、很尽兴，一副痴迷的样子直盯盯地看着舞台。我很怀疑他是否真的能看懂，我猜他是在看热闹呢。回家后，我的肚子还是饱饱的，嘴里还留着那美味诱人的甜酸肉和锅包肉的香味呢。

第六天

惬意的一天

2005年6月26日

达丽娅·兰花·彼德森

我们的世界好像是一幅美丽的画卷，上面画着各个国家的色彩斑斓的文化！这是由于今天下午，我去了世界公园之后的观感。趁这快乐的时光和兴奋还萦绕在脑海未退的时候，我要把这一切赶快地记下来，非常愿意与更多的人分享。

早上刚一钻出被窝，妈妈就说，外面下雨了，看来除了逛商店，什么也干不成。对妈妈的话，我本能的反应是："不！不！我最讨厌逛商店，在美国时我也不愿意去。"我想在家里看书，可是老姨夫家也没有我能看的书，我又想了想，觉得爸妈应该去买一些东西，因为中国的商品比美国的便宜很多，这样的话我们家就可以省钱了嘛。虽说我仍然觉得无聊，逛街总比待在家里会好很多吧。所以，我只好勉强自己，回答说："好吧！"

老姨夫开车把我们送到了丝绸街，中国人管它叫秀水街。这条街是为那些衣着华丽的外国人设立的。爸爸的旅游指南那本书说，秀水街的商品要价过高。我告诫父母在你们购物时是要讲价钱的，否则会被欺骗。我们刚一进秀水街就立即觉得有点不对劲，有些卖货的喊着："嘿，来买这件衬衫吧，才100元！"

“人民币 100 元！”我和爸爸异口同声地重复着，我们非常吃惊。

不管走到哪个店铺都会有人喊：“哈啰，哈啰！到我的店来吧！买点啥吧，才 128 元人民币！先生。”然后那人又喊道：“回来吧！回来看看呀！你真想买的话就 80 元卖给你了！”买这个呀，买那个呀，到处都是叫卖声。这让我觉得很奇怪。他们常把加价的货物指给我们去买，有的是些我们根本不感兴趣的商品。

更糟糕的是，总有人喊：“哎！看这是对双胞胎呀！”过一会儿，又有人叽叽咕咕地说：“双胞胎！双胞胎！多可爱的双胞胎呀！”过一会儿，有人又开始喊：“是外国的双胞胎，嘿！嘿！”又有人说：“我从没见过这么好玩儿的双胞胎，有点像对洋娃娃！”

还有些穿着时髦的妇女就跟着我们，我感到有些不舒服了。在中国其他的地方旅游时也发生过。有些人总是看我们，有些人还会邀我们跟他们一起照相。那时我感到还好。他们都很友好而又有礼貌。可在这里却有些奇怪，不知道是为什么。

最后，爸爸买了几件印有毛主席画像以及京剧脸谱的 T 恤衫。在另一个店里又买了两件名牌的“汤米·巴哈马”的衬衫。老姨夫与店主讲价，终于讨到了称心的价格，爸爸很满意。

我们又去了街对面的大百货商店，在那爸爸花昂贵的价格买了高质量的无带皮鞋。我猜我们的钱可能要花光了，算了算还可以买两个漂亮的地毯，每个 58 元。我的毯子是淡绿色的，边穗是香紫蓝色，织有葡萄、樱桃等水果图案。梅花的毯子是深蓝色，毛茸茸的穗，深蓝的香紫蓝色的背景，衬出火红的、橘黄色的郁金香。我真的很高兴，打算带回美国后，就摆放在我的床前。我感

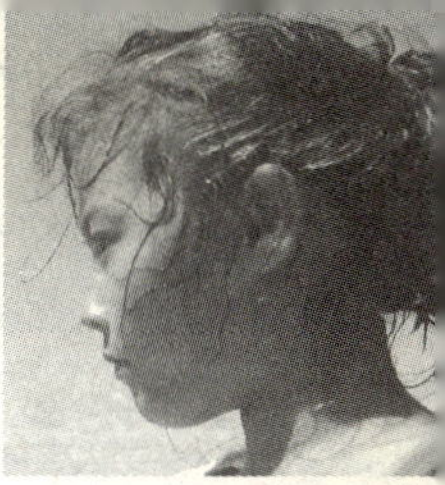

到至少今天早上还没白忙乎。

在麦当劳店,我俩午饭每人只吃了一个小汉堡,而不是那种儿童餐,我们没有得到很酷的手镯(只有儿童餐才会赠送手镯)。爸妈不喜欢我们经常吃汉堡,他们认为这是垃圾食品,所以不能吃很多。这时我们旁边有个善良的中国男子,他有两个手镯竟送给我们了。我们周围还有好多孩子,他们也没有手镯,可他只给了我们,也可能他觉得我们可爱吧,我觉得很幸运连声说:"谢谢,谢谢您!"

用餐后,爸爸和妈妈去商店买茶叶。我们就坐在老姨夫的车里等。老姨夫为我们打开了那无聊的国际英语广播,他听得都快要睡着了。当爸妈回来的时候,太阳竟然也出来了。乌云已散,瓦蓝瓦蓝的天空看见了红得发着黄的北京大太阳,又照耀在大地上。在蓝蓝的天空中高高地悬挂着。正在这时,老姨夫主动提出要带我们去世界公园,那里有全球最著名的风景。我们听后高兴得跳了起来,你简直无法想象我们的那种兴奋,我们早就听说过世界公园很好玩儿,若不是糟糕的天气,一大早我们就会去那儿了。

到了公园,一进门就看见一头疲惫不堪的亚洲大象在门口慢悠悠地逛来逛去的。大象戴着金鞍,上面贴着一个大红"福"字,还戴着一个圆形的金色小帽,上面镶着金珠,边沿上还连着叮当作响的铃铛。

"要照相了。"妈妈付好钱后对我说。我第一个被驯象人举起,这时大象立即用鼻子把我的肚子卷了起来。这是我有生以来第一次这么近距离地接触大象。以前我以为根本不可能这样近地去接触一头大象，甚至于连摸一下都是不可能的。这真像做梦一样。大象的呼吸臭气熏人，呛得我喘不过气来。我照的第一张照片是大象站在地上用鼻子将我高高举起。我觉得很痒，好像是被人咯吱的感觉，但是很好玩儿。

这时，那个有些残忍的驯象助手用锋利的铁钩子敲着大象的腿，大象立即退后几步就坐在了喷泉的台阶上，抬起它的两只前腿。啊呀，我的妈呀！我是上天了吗?！我觉得大象使足了全身的力量用鼻子把我高高地从地上猛地举上了天，大象还是坐在那，我还仍然在它的鼻子里卷着呢。但这对我来说，好像是离地已经有两三层楼的高度了，悬着的心已到了嗓子眼儿，我失声地惊叫着。那一刻我怕得要死，很害怕如果大象放松了一点的话，我就会被甩在地上摔死了。大象做完了全部动作之后，就轻轻地把我放下了，随之我的心也就放下了。这可怕的一刻倒是很刺激也很难忘，多么难得的美好经历。在美国是很难找到这种乐趣的。他们认为这样做有潜在的风险，也会引发官司，没有人能承担如此大的责任和风险。我敢说，如果我的姥姥、姥爷在，他们是绝不会让我冒这个风险的，他们都非常保守。

我们离开大象后，继续往里走，进门后首先看到了又宽又大的大理石台阶，这是个意大利风格的台式花园，有雕花喷泉，宽阔的水池带有波纹状的边沿，池中有葫芦式的喷水器，里面有小天使的雕像，这些都充满着欧洲式的浪漫主义色彩。还有各种各样的鲜花都盛开着，形成了彩虹般绚丽的花的海洋。花池附近都是绿茵茵的嫩草。我们缓步游逛着，看见了亚当、夏娃及古代裸体大理石雕像，幸亏有一个石雕的橡树叶遮在亚当的隐私处。

我们坐在喷泉池旁，看见一对蜻蜓，它们长着一个大大的头和两只透明发亮的银色翅膀，有金色和绿色相间的躯体。我喊："梅花，有两个蜻蜓落在一起了，我想它们是在交配呢。"她急速地扭过头去看。可就在这一瞬间，我看见眼镜从她脸上滑下去了。"噢！不好了，我的眼镜掉进水里了。"梅花哭喊着。

我立即用手去接，尽我最大的可能将手伸到我所能够到的最远的地方。可眼镜还是掉进了深水池的底部。妈妈立即脱掉她的袜子，准备跳下去，可是水太深了。爸爸也不知道在哪儿拍照呢。我们怕眼镜被水冲走了，就跑去请老姨夫帮忙。他从护园人

兰花被大象举上了天

那借来个耙子状的工具，开始在水里捞，捞呀捞……当他捞到了第十一次时，那眼镜终于贴着池边出现了，先是黑框，然后镜片也露出头来。梅花高兴地喊着：“那正是我的眼镜！”眼镜捞上来了，我和梅花冲上去紧紧地拥抱着老姨夫，表示我们的感谢。

我还非常喜欢那座“撒尿小男孩”的雕像。可爱的小脸上露出天真无邪的微笑，在他身体中部有一个小洞，从那里不停地喷出水来(我就是不用小鸡鸡那个词)。据说，撒尿的小男孩是个比利时人。有一天，在城市中心的方形广场上，人们正在庆祝赶走了侵略军的胜利大会。这时，有个暗藏的敌人在政府办公大楼的地下室里安放了巨型的炸弹。他把导火线拉到了楼的外面，点着火后就跑了。就在这千钧一发的时刻，一个叫威廉的小男孩跑到院子里来玩。他看见了燃烧着的导火线，立刻就明白了马上要发生的灾难。这时周围没有人，也没有水。情急之中，聪明的小男孩脱下裤子，用尿把导火索浸灭了。人们得救了，从那以后，他成了英雄。人们为了纪念威廉，表彰他的功绩，建成了这座雕像。这个故事我是从美国的中文学校里学到的。

在瞻仰了这座小男孩威廉的雕像之后，我们又走向了欧洲风格的大教堂。教堂的隔壁有一座很奇特的泰国式的建筑，是泰国的神庙。纯金色彩的庙宇镶嵌着红色的庙顶，四周簇拥着深绿的橄榄树和翠绿的垂柳，在阳光的照耀下闪闪发光，金光四射。若我是一位画家的话，我就会立即提笔将它画下，这真是如诗如画般的美丽，我对神庙非常好奇。爸爸曾经到过泰国，他说这和泰国的神庙一模一样，就是小了许多。

然后，我们顺着标识，进入了美国区。这里有自由女神，还有

世界公园内缩小版的英国巨石阵

第二年我们就真的去了英国的巨石阵

世贸双塔，看到双塔，爸爸就想起了伤心的“9·11”事件。我还清晰地记得那一天早晨，爸爸在电视机前，看到了双楼倒塌时，他满眼是泪地喊道：“杀死那奥塞玛·本·拉丹。”在那之后的好几周内他都很伤心，他的脸上一直没有真的笑容露出来。不管怎么说，我们要抓紧时间了，由于大部分的风景区在美国已看过，所以走马观花地走过了美国区。

再往前走，看到了比萨斜塔，还有一座新天鹅城堡，是德国著名的城堡的仿制品、在迪斯尼乐园里好像也有的德国城堡。在英国古老史前祭祀的巨石阵内，爸爸给我们照了相，因为真的巨石阵远在英国，可能会被栅栏围起来。爸爸答应我们明年会去那旅游。

我帮爸爸妈妈照了许多好玩、好笑的照片，让他们站在各种建筑物前，给他们合影留念，比方说，有埃及的金字塔、法国的埃菲尔铁塔、希腊的雅典神庙、印度的泰姬·马哈尔陵、日本的帝国公园，等等。这些都是爸爸妈妈十几年前环游世界时曾去过的地方。但是爸爸妈妈还从没有看过俄国的红场、复活节岛，等等。一座印度尼西亚的神庙使爸爸惊呆了，他没完没了地看，还说，总有一天他要去那观光，爸爸他实在是酷爱旅游。

世界公园占地大约四十七公顷，公园内有亚洲、非洲、欧洲、美洲和拉丁美洲这五大洲世界著名的仿真建筑，仅一个下午是不可能仔细地看完。我真的希望有一天能再回来玩，花更多的时间好好地看一看。

刚一出公园大门，天已渐渐地黑了。我可真幸运，还没出北京城就旅游了这么多的国家。我给了世界公园最后一个飞吻，说："再见！"并轻声地告诉自己："别忘了，再来！"

总之，今天玩得真开心。晚上我们又去了前天曾去过的那个南国水乡饭店，我们才来这里两次，可就像在家吃饭一样舒服。他们服务很周到，而且他们还记得我们呢。我去洗手间的路上，看到了琳琅满目的电影明星、歌星和各种报纸对饭店的赞美文章。老板是个香港人，看来他好像喜欢和名人交往。

吃完可口的晚餐后，我发现他们在拍卖油画。还放送着悠扬悦耳的中国轻音乐，窈窕美丽的女主持人站在台上，每个客人都显得轻松愉快，悠闲自得，两位年轻漂亮的小姐穿着中国传统红色旗袍，擎着一幅画展示给客人。油画通常是100元开始，每次加10元。后来她们又拿出一幅梅花傲雪的画，爸妈最后以180元竞拍得胜。

我们非常高兴地欣赏这幅名为"冬梅"的画，白色和粉色相间的梅花上有些小雪花正在飘落，傲雪绽放。橘黄色花蕊舒展明亮，棕黑色梅枝千回百折，挺拔多姿，那梅花如同真的一样。妈妈说:“冬梅有顽强的生命力,在冰天雪地的冬天,梅花不畏寒风,傲雪竞放,梅花真是独有格调。”我想,莱丽克正像她的中国名字“梅花”一样,具有梅花的品格和情调。她从不轻易“放弃”,她要想做一件事的时候,就会竭尽全力,不懈地去做,直到成功,否则她绝不停止。爸爸妈妈买了梅花的画给她,这使我有点不爽和嫉妒。妈妈看后便说,如果日后哪个地方有卖兰花的画,一定会买给我。我听后心情就好多了。

快乐难忘的一天结束了，这比我早上刚睁开眼时想的可要好多了。总起来说,是令我惬意的一天。

第七天
雨中的桂林

2005年6月27日

莱丽克·梅花·彼德森

我们非常顺利地上了飞机，飞机上有很香的早餐可以吃。我想吃西餐有好久了，所以就没选中餐。用餐后，我与兰花下起了我们很喜欢的国际象棋。

当飞机缓缓下降时，我看到了雨中的桂林。那茂密的绿色树林与群山共舞，农夫在田野里快乐地耕作着，小鸡拍打着短粗的翅膀咯咯地欢叫着。耕牛摇头摆尾地在田野上走来走去干着活。那绿色的山峦和翠绿的树木好像非常自豪地屹立在这块美丽的乐土上。很快，飞机就颠颠簸簸地落在桂林的机场了。我们听说，这里已经下了四天的雨。天哪！

妈妈在美国的朋友介绍给我们一位姓方的先生来机场接我们，他和爸爸、妈妈见了面握过手后就说："因为有这对双胞胎，认出你们来可真容易呀。"以前他从没有见过妈妈，他最好的朋友在美国，恰好也是妈妈的好朋友。他非常热情地招呼着我们，司机是位年轻、活泼的小伙子，有一张胖乎乎的圆脸，再加上两道浓黑的粗眉，总是笑容可掬地看着我们，看上去他非常的友善。

车外还下着牛毛细雨，桂林与北京不同的是到处都是绿色，路边的花草树木快乐地吸吮着雨水。雨雾中的桂林更充满了魅力和神秘感，所有的植物都是一片桂林特有的嫩绿。

车一直驶向我们的住处——桂林宾馆。一到宾馆，一位穿着淡绿色镶金边还带穗的制服的守门员一声不响地把我们的行李送进了我们的房间。休息一会儿后，我们立刻下楼，方先生又把我们送到了芦笛岩公园，那里有世界上最美的钟乳石洞。我们听说过“桂林山水甲天下”的美誉。前总统比尔·克林顿访问桂林时，就非常喜欢桂林的山水。

芦笛岩洞内，早在一百万年前就形成了千姿百态的石岩洞景，为了使参观的人群井然有序，铺就了一条五百多米长的由霓虹灯照耀的通道，这样一来，洞内变得如同好莱坞的舞台一样五彩缤纷，华丽耀眼。当然这里的一切都是自然的美。

一进洞口，霓虹灯标志牌就显示了寓意主题，“曙光照耀着狮子林”，这是许多标题中的一个，利用的是拟人的手法，来形容描绘我们所看到的种种现象。把钟乳石的造型想象成人和动物。展现在我面前所有的钟乳石经导游的一番讲解后，我们还真觉得有点像呢：有的像老人在树下休息，边喝茶边与朋友聊天。而这仅仅是像物的开始，一路上像中国食物的东西多着呢，有的像小雨伞似的大蘑菇，有的像长而尖的胡萝卜，有的像椭圆形的茄子，有的像大白菜、冬瓜、南瓜，有的像西瓜、香蕉、桃子、苹果，丰盛得足足可以办几桌香味扑鼻的中国的宴席了。还真不由得我都要流出口水了。

这里寒冷刺骨，令我浑身直打战。幽暗笼罩着我们，有时暗

暗的彩灯照着地面积存着的汪汪洞水，那钟乳石与水中的倒影相映非常奇妙有趣，还有许多的奇景把洞里装饰得多姿多彩。我把手指头刚伸进冰冷的石灰水中，就已碰到底了，可让我感觉到的是深不可测，真的像梦幻般的世界。

芦笛岩洞曲曲弯弯，钟乳石的滴水滴滴答答，空洞传响，回音荡漾。由于滴水而路滑我们更加步履维艰。其实，我真的感觉到这个洞的年龄不止一百万岁，现在它还活着呢，还在成长呢！我又看到了一大片的钟乳石，导游说，“他们是成排坐在那儿看戏的人，在看舞台上的人演出呢”。我这一看还真像，演的好像是小精灵和小仙子的家。

明亮的彩灯照到了我，我便精神起来。继续向前走也不怕冷了。这时，那个女导游唱了起来。尽管我不能全听懂，但她那甜美而又动人心弦的歌声，竟然给我带来了温暖的感觉。

我们离开芦笛岩洞后，方先生请我们吃了一顿可口的午餐。我们是在一个有名的面条店吃的饭。这里是个旧棚子，没有什么出奇的，但面条却远近闻名。这里有各种各样的调料供人使用，粗细不同的面条任人选择。热热腾腾的汤面端上来了，我想把碗挪得离我近一点儿，可不知怎么搞的，那大碗就像会跑一样，重重地落到了地上，碗摔得粉碎，面条和汤洒了一地。我感到非常不好意思，我对方先生说：“真对不起。”可慈祥的方先生说：“没关系，我马上再给你买一碗，你烫着没有？”我说：“谢谢您，我没事。”

当一大碗汤面又放在我面前时，我像饿死鬼一样狼吞虎咽地吃个精光。这是当地的小饭店，是给普通老百姓用餐的。爸爸非常喜欢，他说：方先生真是个实惠的人，他领我们来到这个小饭店让我们感觉非常舒服，他做了件大好事。让我们吃到了真正的当地人能享有的特殊风味，这比吃高级的大饭店不知要好上多少倍。我也是这样认为的。

方先生把我们送回宾馆后，又留下了四把雨伞，说晚八点再来接我们。一进屋妈妈觉得非常地累了，就休息了。我也无心马上开始写日记，于是我和兰花还有爸爸在细雨蒙蒙中走在大街上。我很后悔没带我的防水鞋，在北京买的鞋，连鞋带袜子都被雨水浸透了。

我和爸爸、兰花上了一座桥，看见无数条小小的灰鱼，它们的小嘴巴一张一合，好像对我们说"哈啰！"又好像管我们要吃的。可惜的是我没有任何东西可以喂它们。

湖水清澈见底，湖两岸的垂柳随风飘荡。太美了，我真想立刻跳进水里和小鱼们一起游泳嬉戏，那该多有趣呀。可爸爸说："绝对不行，野泳违法。"所以，我只好对活泼的小鱼们说声"再见"，就穿过了小桥。

往前走，有条小路通向一座小红木屋茶馆，屋内传出阵阵笑声和茶杯碰撞声。这声音很有吸引力。不得不再走近一点看个究竟，我听到里面好像是在说相声。我想如果我也能进到这个可爱的小茶馆里和当地人坐在一起，喝着茶跟他们一起大笑，那该有多好啊！可爸爸也听不懂，唉！只好遗憾地又离开了。

晚上我们来到宾馆名为"太阳城"的饭店，吃了顿中国南方特有的风味肉食大餐，我称它为疯狂大餐。我有生以来从没见过，爸爸也没见过。这是座装饰华丽、魔幻般的餐馆，有点像酒吧的风格,但又是自助餐。所有的男招待都戴着万宝路的牛仔帽,穿着夏威夷格调的有粉色、黄色花形图案的衬衫,刚好到脚脖子的灯笼裤,穿梭忙碌着。这对我来说太奇特了。他们手里还拿着锋利的细长的尖刀,从烤肉钎上切下片片的烤肉。这里有各种各样的烤肉。有骆驼肉(我咬一小口还挺好的,再一嚼就恶心死了)、马肉、驴肉、羊肉,烤小全猪、牛肉、兔肉、鸭肉、鸡肉……甚至还有狗肉。然后,爸爸、妈妈开始点想吃的东西,如:虾、鸡肚、鸡爪、鱿鱼爪、田鸡。男招待们走来走去忙个不停,你想要什么他们就给你上什么。这可真是顿有趣的大餐。老实说,我根本不知道我吃饱了没有,只是忙着跟男招待们周旋了。一会儿让我品尝这个好不好吃,一会儿又问我吃不吃那个,一会儿不知道会又让我们吃什么了,忙的昏了头……

当晚,方先生又带我们去湖边有游船的地方。我们租了一艘中型的游船,只能在"四湖"(桂湖、木龙湖、榕湖、杉湖)上玩玩儿了。我们原计划游览另外两条江,漓江和桃花江。可两江地区下了几天雨,导致江水泛滥成灾。我们从沙湖起航,这里有两座塔,一个叫太阳塔,它金光闪闪,红光如霞;另一个叫月亮塔,它银光闪闪,犹如珍珠般绚烂。太阳塔有42米高,是中国最高的铜塔。

我们通过的第一座桥,是汉白玉砌成的扬桥。穿桥洞时,我看见了桥的底部全都是浮雕。紧接着,我们穿过玻璃桥,我叫它水晶桥。是由水晶玻璃连成的,非常耀眼。导游告诉我们,很多青年情人都喜欢在这里结婚并留影拍照,象征着纯洁无瑕的真爱。我从来没见过这种水晶桥,它好像是用月亮的泪花制成的,晶莹而透明;又好像水晶宫外的桥,在月光下璀璨夺目。这闪闪发光的精美作品横跨在湖面上，给我的感觉是那样的美轮美奂。

船安安静静、平平稳稳地漂进了榕湖。月光下，湖水波连波，银光闪又闪。湖畔有棵千年的老榕树。当我们经过此树时，我向他举手致敬，那一千岁的老榕树爷爷，经历过多少的风风雨雨，人事沧桑啊。我们穿过了与第一座桥一样也是汉白玉砌成的古榕双桥。下午时，我们曾在这座桥上散步，看到双桥上车水马龙、川流不息。我们穿过了很多座桥，桥下的灯光照在浮雕上，使我看清了所有的画面和细腻的雕刻。船在桥下静静地漂过，留给我的感觉是一片安宁和遐想。

瀑布飞流，我们又看见了那熟悉的小红木屋茶馆，又听到了茶杯声和大笑声。还看到墙上有很多画，有孩子背着书包快乐地去上学，还有身着古装、穿着蓬得鼓鼓的大裙子在跳舞的女人……我们坐在船上度过了安静而又惬意的美好夜晚。船漂呀漂……我们尽情地欣赏着美丽夜景。

噢，那千变万化的街灯和桥上各式各样的灯笼真是太漂亮、太美好了。湖面上的船灯，星星点点如同成千上万个萤火虫在此飞舞，好似天堂。我们看到水上长廊有成群的身着色彩鲜艳的古装的女艺人，像仙女般随着悠扬的音乐在那儿翩翩地起舞。我感觉自己也不知不觉变成了仙女。

在天空中飘呀飘……舞啊舞……飞啊飞……

第八天
绿色的桂林

2005年6月28日

达丽娅·兰花·彼德森

清晨如此美丽,太阳含笑东升,这是一个平和、安静的早晨。吃过丰盛的早餐后,方先生将我们顺利地送到了叠彩山。刚一进入口处,有两位穿着漂亮的传统桂林服装的姑娘,劝我们去照相。我看她们真的很美,便问过妈妈,她答应后,我也穿上了美丽耀眼的民族服装一件海蓝色镶嵌着金色的装饰片的长裙,帽子的边儿镶着雪白的羽毛和一串串的丁零当啷的小珠子儿。梅花也穿上了和我一样款式的、一件鲜艳而亮丽的粉色服装。眨眼间,我们便成了一对儿桂林姑娘,我们摆好了照相姿势,留下了这美好有趣的瞬间。

然后,开始爬山。我们沿着蜿蜒的小路向上攀登。我猜至少有二百多级。到了山顶后,则可以俯视桂林的全貌。多么惊人奇妙的地方!有一个地方非常的美,好像有只老鹰站在大树干上。但是被一位专业摄影师先占领了。从这,我们可以看到漓江对面的高耸入云的山峰,群山一层又一层地叠嶂着。还有一座山像个弯腰曲背的巨人朦朦胧胧站在云雾之中,很神奇又富有诗意。在缓步下山时,我注意到桂林的绿特别迷人,不同于我曾去过的任何一个地方。向远处看，那绿酷似森林般的深绿，近处则由深绿变成了浅绿。还有地面上嫩绿的小草纹理分明，千奇百怪的簇簇鲜花满山遍野。人们说夏威夷是花的海洋，我说桂林的鲜花要比夏威夷还要美。

下山后，我们在这附近悠哉闲逛，又上了几级阶梯后，我感到空气潮湿闷热，有点喘不过气来，便进了一处像宝塔状的小店休息。原来这里是自然科学馆，有很多昆虫标本。我看见了巨大的斑蝶、蓝色的闪蝶，还有甲虫在琥珀中。我和梅花都买了昆虫标本的项链，我的是有个绿色后背的甲虫在里面，梅花的是有个小小的红螃蟹在里面。当我们一踏进山洞时，我们的项链在黑洞中就像六月的月亮，发出了暗光，熠熠生辉，足能够给我们照亮儿的了。我非常高兴买了这串美丽而又神奇的项链带给我们这特别的惊喜和快乐。

接着我们又去了洑波山。首先我们看到了一口可供一千人喝汤的大锅，锅上铸有巨大的“万福”二字，还有几个大大的黄铜把手。随后我们来到了山脚下，由于连着几天都在下雨，那水已

在桂林的叠彩山

经淹没了小道和阶梯，我所能看到的只有路两旁冒出头来的楼梯扶栏，好像是插在了水上。

我们开始艰难地登山。爬在那高高的石台阶上，每一节的台阶都有 1—2 英尺高，让我觉得非常的吃力。渐渐地我有些吃不消了，越高越难，越难越累，越累越慢。可我还是不停地环顾着欣赏风景，那儿景色真的很迷人。一边看，一边上，不知不觉也就忘记了腿疼。山路两旁长满了各种各样的绿树，其中有橄榄绿、蓝绿、葱油绿、翠绿、嫩黄的绿，还有许多的绿色是我无法形容的。那蒙蒙的细雾也好像在吞噬着我们，漫山遍野的奇花异草上滴挂着绿宝石般的露珠，这一路上都有它们陪伴，总是看不完，也看不够。我和梅花一起捉虫，一起扑蝶，一起看花，一起踏草……

很快我们就登到了山顶，这儿又是另一番景色。我们可以看到那一层又一层山峦和起伏重叠的绿色山峰。在不远处，另一座山峰在城市的中央拔地而起。漓江的水闪亮波动、川流不息，游船、单人小船和水上竹筏缓缓地在水面上移动着，此时此刻，我们融进了那青山绿水的环抱中。中国有个很有名的人说过“宁愿在桂林而不愿去当神仙”。此时此刻我才真正知道了他为什么会这样讲了。

回到山下，爸爸看到一个小贩在卖葫芦丝，那小贩一次能吹出两个调，还会学鸟叫，他吹得如此动听，好像会把你融化在山水之中。这是我所见过的乐器中最能接近大自然音质的。爸爸说：“桂林到处都有这种乐器，等一会儿还会更便宜。”当时就没买。可到了后来他找遍了所走过的地方，就再也没碰上了，爸爸很遗憾，他失掉了买葫芦丝的机会。

太累了，我们上了出租车，要去七星岩风景区。司机很喜欢聊天，她建议我们去这儿，又建议我们去那儿，一直说个不停。我想可能她以为外国旅游的人还不太了解这里吧。最后，我们还是让她送我们去了七星岩公园。

我们先去了孔雀区，翠绿茵茵的大草坪边上摆放着许多巨大的五颜六色的风筝。有的形状像只大老鹰，有的像彩色斑斓的花蝴蝶，还有个更漂亮的身着古装的姑娘带着两个大大的翅膀。我们在绿草坪中散步，有时还会碰见大群的孔雀跟在你的后面跟着我们同行，那种感觉很美妙。我也跟着孔雀嬉戏相随，混进了它们的队伍之中，跟着它们一起游行，仿佛我也变成了一只小孔雀。

孔雀们在这片属于它们的草坪中悠闲自在东走西逛着，而我的本性就是喜欢追着动物跑着玩。我和梅花开始追着一只最漂亮的公孔雀。我们叫它孔雀的头。这时一大群孔雀都跟着躁动了起来，我俩追它时，那美丽的公孔雀则呱呱呱地叫着，我们也跟它学着叫，呱呱呱呱，还不断地发出傻笑，疯狂地跑着，玩得正开心呢，这时，有个拎着大棍子的老太太跑了过来，她是公园的管理员。她大声地喊着："走！走！走开！"毫不留情地像是轰鸡一样地把我们赶出了草坪。我心里想她是有权这样做的。我们由于玩儿得太开心竟失去了控制，开始发飙了。也没看到指示牌上写的，禁止入内。也忘记了这样做不应该，我意识到这是我们的错。于是就大声地向那管理员喊着："对不起，对不起了！"

我们一跑一跳地离开了那里，来到了动物园。懒惰的老虎正在睡觉。可驯虎的人看我们来了，就用铁棍敲了老虎一下，虎就醒了。还伸了伸懒腰打着哈欠，又在地上打了个滚儿。我们很怕离老虎太近，尤其是去笼内与它照相更是吓死人了。天哪！我仍记得，在我五岁的时候曾挨着一只大老虎照过相，我妈妈直到今天还后悔呢。那老虎要是高兴了，随时转过头来都有可能会咬伤我的头，真的很难保证不会出事。我记住了那个经历后，就再也不会挨着老虎照相了。

我们来到了一片小树林附近，突然一只黑猩猩摇得树叶沙沙作响。大约有二十多只猴子从树上跳下来，尾追我们，我猜它们想要吃的。我读过的书上曾说，饥饿的猴子会给人带来很多麻烦，这使我有些害怕起来。我还想起了，我小的时候去墨西哥的

与孔雀合影

在桂林

兰花喜欢猴哥

动物园，有个关在笼子里的饥饿猴子，它抓住了我的丝绸连衣裙，扯得一条一条的。就是要抢我手里的香蕉，还把我的胳膊挠得很痛。这时，我看见有个猴妈妈把自己的猴宝宝挂在肚子上，好像摆好了姿势等人照相。它们很友好，并没有给我们带来任何麻烦。

我们还和站在椅子上的四只真孔雀照了相，使我惊讶的是它们一动不动，像雕像一样。我想它们一定是受过良好的训练。

继续往前走，我们看见一只小小的猴子，非常非常活泼可爱。它戴着个小红帽，穿着猴哥的衣服，手里还握着一个金箍棒，非常像传说中的孙悟空——孙大圣。我立即把它紧紧地抱进了怀里。这时，猴子的主人就出来了，我妈妈不得不给主人钱，这样我就可以多抱抱它，多和它玩儿一会儿了。可梅花跑了过来把可爱的小猴哥给抢走了，我非常不高兴。之后，我们俩都和小猴哥一起照了相。它很淘气地和我纠缠，好像是要抢走我的甲虫项链，不知什么时候拥挤的围观人看到这个场面也都大笑了起来。有的人自言自语地说这小猴哥可真淘气，可真淘气。我抱着它的时候觉得它很沉很沉，可我特别喜欢它。如果能把它带回美国该有多好啊。

我们看见了一块大岩石，上面刻有几行文字："1998 年 7 月 2 日，比尔·克林顿在此演讲。"我们在此也留了影做个纪念。岩石四周簇拥着大片大片的美丽鲜花。四周数不清的群山峻岭，层层叠叠，其中最显眼的是一个形状像骆驼的大山，好像是镶在了镜框里。背景是瓦蓝瓦蓝的天加上雪白雪白的云。直插云霄，蓝天绿山，在白云的衬托下，那蓝天变得更蓝了，在阳光照耀下格外迷人。还有穿着各式各样彩色夏装的游客在此川流不息，他们大部分是中国人，很多人摆好了姿势在这里照相留念。

最后，我们进到了真正的七星岩钟乳石的岩洞里。由于我们没搞清准确的时间，错过了前一拨的导游。我们看见标牌上写着"保持列队，紧跟导游"的字句后，便意识到一定要追上前面的导游。我们隐隐约约地听到麦克风的声音，就拼命地向前跑，直到追上了前面的导游为止。这里不同于芦笛岩洞，尽管大致相同，都是钟乳石，但形状和大小完全不一样。这里有形状像是万里长城的石群，实际上是由滴水的钟乳石自然形成的。

还有的像是大寿桃，在有红有绿的彩灯照射着，那翠绿滴水的绿叶配上深红色的大桃，使我也好想上去咬它一口。不知不觉地走到了茂密的绿荫中，原来我们已经出了洞口。我们打车又去了象鼻山公园。爸爸告诉我，山的一部分就像是有个大象的鼻子伸入了水中，好像它在喝水似的。因此得名象鼻山公园。由于漓江水的泛滥上涨，主要的入口都已经关闭了。

当我们找到入口处时，却看见两个喷气的银色大象站在那

在象鼻山留影

儿。我们在它们的旁边找到了一条小路，非常艰难地盘山向上攀登着。到达了一个砖砌的宝塔处。哇！墙上长满苔藓，高大的绿树环绕四周，茂密繁盛，好像我们没有办法通过了。我们就转回来，同时也尽情地欣赏着这里的静谧之景。此处四下无人，我们则顺路而下，在墙角旁我看见了四个年轻人，两人穿着高级的无带的皮鞋，另外两人看上去很凶，他们顺我们来的路往上走，眼睛滴溜溜地转得很快，他们说着我们听不懂的话，妈妈告诉我们要小心点，因为方先生早上嘱咐她，有扒手，专门偷游客的东西，我有些害怕了，恐怕他们会对我们下手。我们就快速地向下飞奔，来到了人多的地方。

穿过一个洞穴时，却听到了几声响雷，这预示着暴风雨即将来临了。我们看见漓江上竹筏在渡人，还有人在清理水上的垃圾。当我们继续往下走时，看见了一个大茶壶形状的山洞，尽管山洞入口紧锁，我们还是闻到酒的香味。陈年的老酒藏在空山中，而酒味儿却飘香万里。酒香不怕山洞深。天哪！离得越近时，那酒味却越发变得难闻了。可妈妈却说那是茅台酒，是举世闻名的好酒。当年尼克松访问中国时，就是用茅台酒来招待的。

回到宾馆，我觉得心情格外的愉快。旅游度假永远是我生活中很美好的一件事，也是我的最爱。多么好玩儿有趣的一天。我有些迫不及待地期盼着明天将会是更好玩儿和今天又完全不同的崭新的一天。

第九天

与山河共舞

2005年6月29日

莱丽克·梅花·彼德森

今天我们要乘船去阳朔,哇!真是太棒了!

金龙牌小巴士将我们送到了码头。我们登上扬航06-3号船,看上去像一条崭新的船。它有蓝白相间的颜色,五星红旗在船头迎风飘扬。舱内既清洁又整齐。我们的皮坐椅非常松软、舒适。我走上甲板,清凉的风吹拂着我的面颊,让我感到格外清爽而惬意。放眼远眺,这又是一个既神秘而又好玩儿的地方,它深深地吸引着我……

呜呜!呜呜!黑色的船笛发出刺耳的尖叫声,船开始缓缓地向前移动,在那碧玉般的绿水中涌动着,美丽的桂林已被抛到了后面,青山绿树在清风中共舞,崇山峻岭与漓江的碧水共舞。湛蓝的天空如水晶般清澈,火辣辣的太阳时而点着头,时而躲进银色的云端里,碧绿的江水时有微波涟漪,时有激流涌动。

当船突突地越过成排结队的鸭子、水牛,还有那青山绿树时,真是令人心旷神怡,感到说不出的轻松愉快。直到有些小竹筏靠近了我们的船边,平静和欢乐也开始消失殆尽。这些小贩们无休止地喊着:哈啰!哈啰!哈啰!……他们曝晒在灼热的太阳下，挥舞着玉制品、铜盆，有长胡子戴帽子的人物木雕。他们还出售紫色和粉色、四边有棱的水晶物品。尽管他们水上功夫很好，但是用这种危险方式谋生，我还是为他们捏把汗。

我想买那个紫色的水晶，妈妈说太重了不好带，但小贩不想放弃机会，一个劲叫卖着。妈妈有些同情他们，“请看看那个紫色的吧”，她仔细辨认后说“那是玻璃的”。我认为妈妈真无聊，我真的就是想要那个紫色的，无论它是什么。而且兰花也想要一个。经过一阵讨价还价，最后妈妈从钱包里拿出 50 元人民币买下来。小贩心满意足地向漓江上游划去，再找别的买主。我高兴地对着漂亮的紫色水晶吻了又吻，好像得了件宝物。

午饭是在船上吃的，我吃了香喷喷、又软又嫩的“素鸡”，还有几盘菜，有炒辣子鸡，炒绿豆芽，炒面，炸花生米和大米饭。这让我饱饱地大吃了一顿。我还想再看看竹筏子上的人，可是江上连一个竹筏子也不见了。

我们的油轮在那晴空万里的蓝天下行驶着，我看见了“望夫石”。因为那石头像一个妇女带着她的孩子盼望丈夫早早归来而得名(这是船上导游告诉我们的)。

我从江水中看到一组又一组的多彩山峰，在漓江中形成峭壁式倒影，当船在影中穿过时，犹如在山巅上航行，当船破水而行时，山影变幻莫测，从这个角度看此山像个大骆驼，从另个角度去看，又像一个老头了。有的山还起了很奇怪的名字，如五指山。

值得一提的是，这五指山使妈妈很兴奋，因为她一直喜欢“我爱五指山”这首歌。她开始唱给我听，“我爱五指山，我爱万泉河……”她非常激动,因为在中国时她就爱唱这首歌。我也觉得非常的好听悦耳,又是在这山水之间,真的是挺美,很有另一番风味。

有时我们看到岸上的人在劳动,如农民有的在放水牛,有的在赶着成群的鸭子。可我爸爸却在那忙碌地捕捉着美景,他总是情不自禁地喃喃自语着:这儿简直如同仙境,太令人陶醉了,太美了,太棒了……

又过了一个多小时,阳朔的码头已映入了我的眼帘。我们的船快快乐乐地靠了岸。下船后,我们看到的是高高耸立的翠山叠嶂,到处都弥漫着多姿多彩的森林绿。我们住在建国假日宾馆。宾馆有些地方像颐和园,入口处是庙式的建筑。我们住在第七层,可以饱览漓江湾的奇美壮观,还有那平平如镜的水面。

我们把行李安排妥当后,方先生快速地将我们送到租自行车的地方,在那里我们租了两台双人骑的自行车。开始好像很难骑似的,虽然妈妈在中国骑了多年自行车,而爸爸在25年内骑了两次自行车,但很快我们就熟悉起来并会骑了。我们还雇了一个农家妇女作我们的向导,开始我们不太想用她,但上路后,我们才意识到她的重要。我们很高兴有她在。令我非常吃惊的是她才只要10元人民币。一路上,我们看到了许多美丽的多姿多彩的山峰,翩翩起舞的绿色稻田,还有阳光下银光闪闪的水面。在后面骑自行车的我,可以做许多事,可以帮助前面骑自行车的人更轻松,更有动力。前面掌舵人劳累时,我们就可以伸伸腿,用劲踏车了。但当大巴车鸣笛向我们示警时,我们还真有些害怕了,毕竟我们都不常骑自行车。

我们骑在颠颠簸簸的土路上，来到了路旁有棵巨大的榕树景点。那大榕树已超过了一千五百多年，巨大的叶子在空中伸展着。从远处看去，很像棵大大的芥蓝，可这棵大芥蓝就足足有半公顷地那么宽的景点。高大的树枝，多节盘绕的藤条似乎在向我们招手致意。枝条上又派生许多细条低垂落地，吮吸着水分。我们绕树转着圈，按照迷信的说法，绕此树转一圈会活到99岁。我们返回后，农妇正在等着我们。她打开了自行车，我们要去月亮山，爸爸说这可是个长途跋涉的旅行。哎呀，我真希望不要比登长城还难。

遗憾的是，的确要比登长城还难。

我们到了月亮山入口，开始登山。一些卖水的老太太一路上跟着我们。“啊唷，啊啦呦”从山上传来像人的吼叫声。很快我们沿小路找到了叫声的“发源地”，原来是一家英国人，父亲为了摆脱卖水老太太们的纠缠而发出的吼声。他脱下衬衫对着她们大吼。“我爱爱爱你你你！”他的妻子和女儿让他装疯卖傻去大吼，好吓走她们。我们沿着陡峭台阶继续攀登。老太太们(其中有一个已有七十多岁了)还是跟着我们上了山顶。

“还有十分钟就到山顶了！”爸爸说。可我累得走不动了。一个多小时过去了，我们好像快爬到山顶了，当我看到了一个拱形大石头，上面有个月牙形的大缝子时。我开始振作起来，好像有了希望。因为我看见了山顶，我就像一艘火箭一样冲上了山顶。月牙石上的钟乳石还在眼前滴着水，使我浑身上下湿漉漉的。妈妈从老太太手里买了几瓶水（因为她答应过要帮忙买她们的水）。爸爸和妈妈让我们爬完剩下的路程。妈妈还催我要爬到更

在阳朔的月牙山顶美景尽收眼底

远一点的风景区去照相，我只好照办了。远远望去，那一望无际翠绿的山水像是一块巨大的切割过的生日蛋糕坐落在那里，几个五颜六色的热气球飘在绿色的山谷中，真是美不胜收。继续向上爬实在是太难了。幸运的是我们不必爬到山顶上了。因为到达山顶还有一百多级难蹬的台阶。真吓死人了！

随后我们顺路而下，骑着自行车走在乡村土路上，我们看到了这里的农民是如何劳动和生活的。他们袒胸露腹，有的肚子平平扁扁的。“哎唷！哎唷！这路实在是太不平了。”情景交融，我不由得发出了这样的感慨。我们看到一些耕牛和陈旧的茅草房。还有狗和小孩子在房前屋后追跑嬉戏着。有些孩子挥鞭赶牛，笑声朗朗。那油汪汪的稻谷正在茁壮地生长，那里种着农民对丰收的期盼和希望。

最后，我们顺利地到达了柏油路上，我们欢快地驰骋在市区的大道上。

第十天

幸福的一天

2005 年 6 月 30 日

达丽娅·兰花·彼德森

这是个有点多云的早晨，我们上午原本安排得很轻松，只想全家去西街逛逛，因为十一点钟左右我们就准备回桂林了。在阳朔，西街是最主要的热闹的购物街。可当我们走进一家 DVD 影像店时，我们惊喜地看到了和我们一起乘金龙面包车去桂林码头的那四个中国人。他们说，返回桂林的时间改到下午一点钟了，同时他们还建议我们最好再去阳朔的江中漂漂竹筏。他们刚刚漂完，其中的一个人还说，非常非常好玩，这可真是个难得的美好经历，是在任何地方都找不到的。

我们立即走出商店，顺利地找到了漂竹筏的导游。不知不觉中旅行便已经开始了。他们载着我们上了一条和昨天一样的乡间小路。路面坑洼不平，这是我们意料之中的了。很快我们就到了乘竹筏的地方，每个竹筏上都有一把色彩斑斓的遮阳伞。河水安静平和，清澈见底，上面漂着只有阳朔才有的竹筏，船夫一到，我们就立即跳上去了。

那竹筏是用 10 到 12 个像我张开的手掌那么粗的棕色干竹子做的，用麻绳将它们并排地绑在一起，看上去很结实。对我来说，这竹筏好像是一件大自然的艺术品！

船夫开始撑船了，他们把长长的竹竿（大约3到4米长）尽可能多地伸到水里，然后摆动竹竿，使得竹筏可以向前行进。然后再将竹竿拔出来离开水面几英寸后，划了一道弧线，再把竿子插下去，再向前摆动。我们坐在竹筏上，静静地欣赏着撑竹竿带来的轻轻悦耳的节奏。梅花和我在不同的船上，我们彼此打着招呼，有说有笑，十分开心。

船夫划着竹筏，平稳地将我们带到了下游。很快就又听到了哗哗的水流声、看见了远处那白色的浪花。过了一会儿，我们发现又有一排下坡的漩涡打破了水流的宁静，河水拍打在漩涡上面发出咔咔的声音。然后我就像是在打滑梯似的那种感觉，顺利地滑了下去。我们至少被急流阻挡下滑有五六次，但我们都平稳地漂了过去。每次穿激流时，船夫都会用竹竿在岩石上撑过，这是他可以采用的最好的办法以保证船不沉下去。我们的船头经常会往上升，然后再往下降，船在下坡时常常会将水溅到我们的膝盖上。因为我很喜欢玩儿水，所以这对我来说是再好玩儿不过的了。这是我漂竹筏过程中的最爱。

我还看见一个男人正在河水中洗澡。他用块大布搓洗着他的身体，不时又去水里洗一洗那块麻布（我曾听过中国农村有很多人在河里洗澡，可我以前还从未见过）。

很幸运，我们的船夫是个和蔼可亲又非常有经验的掌舵人，他对我们很热情，照顾得也很周到。他还告诉妈妈说他是一个农民，现在正是农闲的时候，所以他就来此撑船。两个船夫都对我们很好。船夫竟然还让我也试试撑竿，来体验一下划竹筏的快乐。我很认真地试着，可是这竹竿对我来说太长了，我完全没有办法将它举起。虽然看他划得很悠闲很简单，我实践后，才知道了，可真是不一样啊。

天空中总是云雾蒙蒙，再加上那丝丝细雨，在这样的气氛中漂竹筏就更富有浪漫神奇的色彩。那竹筏划呀，划，漂啊，漂……这可真是世界上最美好的享受了。我被美丽的大自然紧紧地拥抱着，江两岸都是层层叠叠，高低起伏的绿色山峰，有的远远地矗立在天边，有的近近地就在咫尺，时远时近，时隐时现。漓江两岸长满了各式各样的绿色垂柳，低低的在江边悠来飘去。江中还生长着一种神秘植物，它突然从水中冒出来下面显得窄小，可越往上则长得越茂密而宽大。远远望去就像一排排风凰站在那里，

在阳朔漂竹筏

所以它被称为凤尾草。它只长在江水中最浅的地方，一大片一大片的，有时就像在我们船周围筑起了一道道的绿色城墙。我完全被融化在那青山绿水之中了。我竟然忘记了我身在何处。我幻觉着是在那世外桃源的天国。看水是那么清澈宁静，观山则更是奇幻，它被一层层薄薄的细雾隔开好像披了一层面纱。自然界竟能把山水如此紧密又巧妙地融合在一起，如同他们是一对亲如手足的兄妹。整个大自然就像是一个和睦的大家庭。

在漂流中，船夫指给我们看不同的山峰，讲述了一些有趣的传说，群峰千姿百态、久立江畔。他指着一座山峰，说你看多像是一只大猩猩在静静地等着船夫渡它过河呢。

我们的竹筏有时会贴在一起，我就和梅花肩并肩地站着勾肩搭背，这时候，爸妈就会把我们照下来。大部分时间竹筏是分开划的，然后我们就互相喊着，嘿！哈啰！在凤尾林中捉着迷藏。薄薄的细雾像滴滴甘露喷洒在我的身上。

河面上还有几只稍大的木船在畅游，它们却不能在岩石和激流间穿梭。但看上去它们非常时髦，就像我们在北海看到的一样，顶部是用红色的防水布包着的，还带着金色的丝穗。红色的柱子上画着金龙。船中央有一个方形的桌子，几盘切好的西瓜摆在上面。船上的女孩子们向我们笑着喊道"你好！"爸爸竟然开始用带有美国口音的中国话回应她们说"你好！"她们就更大声地笑起来了。那快乐的笑声回荡在江中，久久不息。

这时我看见了一座很多人穿过的大桥横在江面上，我立即意识到这次的漂竹筏即将结束了，很快我们就会到人烟嘈杂的市区了。我真的不想离开，在船上悠然自得地享乐，看着木船上的船夫为游客们照相。有些船上载满了歌声、笑声。我们被那美妙的音乐和美好的一切所环绕。我多么希望时间可以永远地停在这里，但是现实生活还是无情地闯了进来，到终点了，我们不得不离开那可爱的竹筏。

也有些晚了，我们尽快赶回宾馆，然后我们穿过马路，来到了一个坐落在河岸边的很大的啤酒鱼饭店。啤酒鱼在阳朔是一道非常有名的菜，我们听过很多有关介绍。我喜欢那家饭店，所有的食物都是那么好吃！爸爸通常不吃有刺的鱼，但这次，他吃掉了所有的鱼。我们还遇到了两个来自桂林的非常漂亮的年轻小姐，我猜她们一定很喜欢我们的家庭，我们便一边吃饭一边聊起天来，在此度过了美好的时光，一直到 12 点 55 分，不得已才离开了。

午饭后，方先生来宾馆接我们，拉着我们和其他的四位乘客一起回到桂林，其他的游客在桂林的市中心下车了，我们继续开到了熊虎村，那有四百多只黑熊和上百只猛虎。我们吃惊地看到了有二十多只黑熊正在那交配，并且互相打闹着。它们都有白色的肚皮，额头上还有奇怪的不规则的白色斑点。我们看见了最大的公熊和母熊，还有几只瘸腿的黑熊正在慢腾腾地走向水塘去喝水，去洗澡。

熊虎村最精彩的算是动物表演了。其中一个节目是熊、老虎、马和猴子的精彩表演。主持人宣布表演开始，衣着漂亮的男女骑着高头大马全速奔入表演场，沿着圆场飞奔，之后有装扮成猪八戒（他很懒惰）、孙悟空（聪明的猴哥）、唐僧（他们的师傅）和沙和尚的（另外的一个和尚，我不怎么了解他）。有一个女人在马

背上拉弓射箭。还有一只大熊骑着摩托车慢悠悠地行驶在高空的钢丝绳上,下面还有一个大铁笼子,里面有个女驯兽员。当熊骑到中间的时候,她立刻打开了一道上面写着“欢迎”大字的条幅。我看得眼花缭乱,他们的表演精彩极了!

接着,猴子骑着骆驼上场了,最大的猴子骑着单峰骆驼,还在骆驼被上尿了一泡尿。还有一群猴子骑单车,有几只大熊站起来用两条后腿走路!还有一个可以在马背上倒立的马夫,他的头顶立在马鞍上,身体倒立并且在马飞奔的同时在马背上跳来翻去。我想,如果没有成年累月的训练,做这样的事可能是会要人命的。表演结束后我们和表演过的大熊一起合影留念。我觉得很痛苦的是,那可怜的大熊鼻子上要拴一个铁圈,以便牵制它们。

之后,我们又去下一个表演场地,一头大奶牛有些紧张地等着老虎出笼。老虎出场时,先是轻松地散着步,然后就开始一步一步地逼近了奶牛。奶牛立刻意识到了大祸临头了,本能地低下头用它的两个牛犄角准备招架对面冲过来的老虎。可这根本不管用,老虎猛地一跃,就跳到了牛的后背侧面,竟然狠狠地咬住了牛的脖子,死死地不放,就这样足足等了三分多钟,鲜血不断地涌了出来,直到血流过多,奶牛没有任何招架之力了,躺在了地上。最后,老虎咬着牛,将它拖到荫凉处,开始大口地从牛的屁股这里吃了起来,吃了足有几分钟。那牛疼痛难忍,发出哞哞的叫声就不动了。又过了一会儿,每个人都屏住了呼吸以为牛死了,就在这时,牛的尾巴又轻轻地摆动了几下,每个人都松了一口气。这实在是太残忍了,希望我晚上不要再做到这样的噩梦。

最后,一辆卡车开了进来,几个年轻人将老虎赶进了虎笼

可恶的老虎在吃牛

子，然后把牛抬上了车子(他们一定很有劲)，卡车就开走了。牛的鲜血顺着右边屁股上的大血洞不停地涌了出来。

这时，我感到非常的气愤，公园的老板只是为了多挣钱，竟然让那只奶牛去忍受这般的痛苦。我想，这对老虎可太容易了，因为它本来就是靠猎物捕食为生的，它可以很容易生存。可是那可怜的老牛命运就不同了，它只是吃草，还要为人类的娱乐付出生命。这是多么不公平呀！很快我也意识到了。唉！在动物的世界里本来也没有什么公平可以谈的，不是吗？

我和梅花决定去参观老虎区。笼内约有七只老虎走来走去(大部分老虎都已经被关到笼子里了)，有的互相依偎着，有的在水中走着，还有一些躺着。

我看到了最大的老虎，应该是这里的虎中之王，什么也不做，只是在大岩石上懒懒地躺着，舔着它的大爪子。饲养员都拎着一个电棍，冲着老虎大喊着发号命令："进去！"老虎们都很听话地乖乖地走进了后大门，走进了它们晚上休息的地方。

之后，我们又去了一个儿童动物园，梅花和我在那感觉很自在。我们看见一笼子的小鸽子，跳来跳去，咕咕地叫着。孔雀四处转悠着，它们的羽毛散开着。我们还看见一笼子小老虎，我还好奇地把手伸进去了，有一只小老虎竟然差一点咬到我的手指头，我迅速把手指头抽了回来，才躲过了一劫。我知道应该离老虎远远的，但是这些小老虎太小了，太可爱了，我想这些可爱的小宝贝们不会咬我！事实证明我想错了。

最后方先生又送我们去桂林机场，在那我们热情地拥抱他。我妈妈很认真地试图给他留些钱，但是他说什么也不要。他说，朋友后会有期，保持联系。然后便与我们挥手告别了。我感觉有些伤感。我们来此观光，时间太短了，他对我们照顾得那么周到怎么也没得到回报，这样我觉得很受感动。

验过机票后，我们就坐在候机室里休息。从候机厅的大玻璃窗向外望去，飞机一架接着一架平缓地起飞着，像一只只银色的凤凰飞上了天。看着窗外美丽多姿的夕阳，就像是一幅凡·高笔下美丽的五彩缤纷的大油画，对着那火红的像个大红灯笼一样的鲜红落日轻声地说了声"拜拜"，又对着美丽的窗外说声："再见了，天堂般的桂林！"

Table of Contents

Foreword

My whole life has involved the study and teaching of foreign language. I've read countless examples of outstanding foreign-language works and articles, but seldom have I read such works from children. There's a simple reason: In any language, to truly write a superlative article is not easy for anyone, especially for the children. It requires years of hard study, voluminous reading and plenty of practice and real-life experience.

Little authors Lanhua and Meihua, who were 10 years old at the time they wrote these works, are twin sisters born in Los Angeles in 1996. When their writings landed on my work desk, I pulled them out and started to read, and barely stopped to take a breath. I felt like I had a new set of ears and eyes with which to look upon the world. Their words were like a lotus suddenly blooming in the water, giving me a happy heart and inspiring dreams. The level of the writing was far beyond the typical work done by children their age. You can tell that this would be considered outstanding even at an advanced high school level.

During school vacations, they always followed their parents traveling around America and the globe. Through a child's eye, they had a special angle with which to view the world, and they wrote down in vivid, fresh language what they had witnessed. Their prose is smooth-flowing and their grammar is impeccable. Employing a strong sense of logic and passion, they cogently describe the beauty before them and portray it in loving, poetic terms. The central message is crystal clear, and the deeply-textured meanings create an unforgettable impression.

Another reason I feel even closer to them is that the twins have half Chinese blood – the meaning between their lines flows thick with Chinese feeling and culture. It seems to me that they're proud of both their fatherland and their motherland.

I write this foreword to wish them the best and encourage them to go further. I hope that when they grow up, they can be a Chinese-American cultural messenger.

Their entertaining mastery of American English can be a model for those learning the language, specifically teenagers and college students, and especially parents of young children interested in obtaining some keys to early education. For the teacher of English, this will prove to be a valuable living reference work.

The articles′ translators are Mr. Zhang Yuzhou, who has worked for many years in foreign language education and translation, and Mrs. Su San, who immigrated to the United States more than 20 years ago. Together the two have edited and translated this book to express the true meaning of the young authors′ work. They have used the literal method and re-creation interpretation to perfect this book. It is also good for overseas Chinese who are trying to learn Mandarin.

Be prepared to be dazzled by these stories that are among the most beautiful blossoms in the bouquet of Chinese – American friendship.

Beijing Foreign Language University
Wang Fuxiang/Former dean/Professor

Preface

Lilac Peterson (Meihua) and Dahlia Peterson (Lanhua) are cute, outstanding Chinese-American twin sisters. In winter 2007 and spring 2008, when I was invited to the United States to stay in Los Angeles for two months, I had a chance to meet the twins in their home and spent an unforgettable evening with their whole family. It created a very deep impression on me, and a beautiful memory. It happened this way. Meihua and Lanhua´s mother, Madame Susan, learned that my wife and I were visiting the United States. She came to listen one of my lecture/speeches. She passed along greetings from her father, Professor Wang Zhenwen, and a very warm invitation to their house. She handed me the twin sisters´ Beijing-Guilin travel journals. From the first time I read them, I felt happy.

In early January 2008, Susan drove her car and picked us up and took us to Universal Studios, and then took us to their house nearby Hollywood, half-way up a hill. We saw her husband, Mr. Peterson, and the twin sisters – Meihua and Lanhua. They were darling little sisters who were polite, smart, lively and pretty. We listened to them play piano, and looked at their photo album and autobiography (English version, with photos). Also, each of the twins had written eight big notebook diaries. Mr. Peterson was very warm to us, despite the language barrier. He wanted to welcome us by singing the Chinese national anthem in rusty Mandarin. He sang enthusiastically in a high, strong voice. He also played piano and performed a love song that he wrote for his wife Susan, shortly after he met her. Finally, we went with all four of the family to an Italian restaurant to eat dinner. After that, we had to go, but we were reluctant to leave.

After we got back to China, we continued to keep in touch. This year, around Chinese New Year, I received Susan´s e-mail that their whole family traveled to Big Bear Lake. The twin sisters each had a travel journal article. The two articles showed that their writing had made huge advances. They observe everything in great complexity and depth. The writing style is very smooth-flowing and detailed. Of course, I felt pleased at their progress. Not that long ago, I received Susan´s phone call saying that part of the autobiography and travel journal were going to be collected together, and Susan hoped that I would write the forward. Of course, I was very happy to do so, and didn't hesitate at all.

I read Susan's e-mail excerpt from the twins' first four chapters of their autobiography (the Chinese version) and found out that they describe and observe things in a very specific and lively fashion. Their writing ability is far beyond the 10-year-old level. I think the description and detail is based on their powers of careful observation. They observe life and describe things, and their special ability to construct and frame ideas is valuable for children their age to use as a reference. Of course, for the study of foreign language, I completely agree with the former dean of Beijing foreign university, Professor Wang Fuxiang, who said that the twins' English is pure and authentic, and suitable for all kinds of students, especially middle school and college underclassmen. This is very good English-language material for them to study. In the meantime, the translator of this book, Mr. Zhang Yuzhou, who has spent many years working at the university level, says this book would be valuable for people overseas who know English but want to learn Chinese; this book is a valuable study tool for them. From both sides, the publication of this book is significant, and this book is valuable.

Since they were young, Meihua and Lanhua have been eager to be Chinese-American cultural ambassadors and messengers of friendship. They have been provided with the perfect conditions and background to achieve this, and they are studying and working hard so that they can achieve their goal. I wish them both a great future, and pray that they soon realize their dream. I hope to see these two cute little angels as early as possible. It´s my wish that they grow up healthy, lively and beautiful.

He Zhenbang

Written at Beijing Olympic Village

2009 October 18

Let Me Introduce Lanhua and Meihua

"The classic moon in the window becomes distinctive only with a bough of plum blossom."

"A lovely name sails around the four oceans. This orchid blossom is nurtured in many thousands of households. Wherever it blooms there is an elegant grace."

These verses are used by the Chinese to praise the plum blossom and orchid. The Chinese believe the plum blossom is pure and the orchid is pleasing to the eye.

I know those flowers as book authors, the Chinese-American twins who blossomed on the Pacific West Coast as Lanhua and Meihua.

Two years ago, I received their letter from America, after they read my novella *White Bird* and there were lingering questions in their mind for me. After several twists and turns, their letter finally caught up to the White Bird's home town. I was so lucky to have a chance to connect with those cute twin sister flowers. We didn't even realize that we had sent more than 200 letters back and forth. From each line and word I felt that they have emerged from the melting pot of their mother, who brought with her the spices of the East; grace and wisdom which make the plum blossom and orchid different and special, while from their father, they gained a Western taste of enthusiasm and individuality.

Those wings of qualification and commitment meant that from an early age, they already showed surprising talent in literature, music, dance, art, sports, etc., and they got outstanding results. They are naturally lively and interested in a wide range of activities, and display an innocent, playful humor. You can say their early childhood education is sure to bear fruitful results.

Meihua is the older sister, just one minute older. Her full name is Lilac Meihua Peterson. The younger sister Lanhua's full name is Dahlia Lanhua Peterson. They were born in 1996 in Los Angeles, USA. Soon after their birth, they received U.S. President and First Lady Bill and Hillary Clinton's autographed cards. They said, "Welcome! Your arrival is cause for great celebration for those who love you. The future holds bright promise and opportunity for you. We wish you a joyful and healthy life!"

From the time they began speaking at age two, the twins immediately started to build their vocabulary; at three years old they were already reading at an accelerated rate. By age seven they'd read just about the entire children's section of books at their local library. Their scope and taste in reading material soon turned to famous literary classics from around the world.

At age five the twins started writing diaries and made huge progress. Their writing is exquisite on account of the laudable growth process that it illustrates. In the meantime, they wrote a lot of journals describing their travels to China, Denmark, England, Russia, Sweden, Australia, Norway, Finland, Canada, Poland, the Mayan ruins of Mexico, Alaska, Hawaii, the Caribbean, etc. All of those places bear the mark of their growing footprints. All of their feelings and everything they saw, heard and felt was written down in these journal books. They not only wrote down the beautiful views, they also wrote of each country's customs. They used their pen to draw, one by one beautiful paintings, like a scroll unrolling. They hope to have a chance to share this with more people.

Also at age five they started swimming and ice skating, and also started writing diaries. In the meantime, they were enrolled in Chinese school, and their studies have never stopped. By March 2009, the twins had won 2nd and 3rd place in the middle school category at the Southern California Council of Chinese Schools composition competition in March.

In that same year in November, in a contest sponsored by the U.S. Southern California Council of Chinese Schools, (with 32 Chinese schools participating), Lanhua won 3rd place in the English-to-Chinese Senior Division translating competition.

At age six the twins started piano. In 2008, they had already passed level 9 in the California state piano exam, and Meihua also won 1st place in the Chopin category for her performance at SYMF (Southwestern Youth Music Festival). In 2009, Lilac received 2nd place for her Beethoven Concerto, while the twins' four-handed duet took a 3rd place trophy. Lanhua won 4th place for Mozart.

At age six, they also started ballet. In 2008, they won Gold 1st place for their ballet duet at the Showstopper National Championships, held at the Disneyland Resort.

At age seven, in the Wei Bo Youth Art Contest, they both won Honorable Mention, and their works were published in the China Daily News and the Taiwan Times. That same year, a professional psychiatrist tested them and confirmed them as gifted/high ability children. They were accepted at Wonderland Gifted/High Ability Magnet in the 3rd grade.

At age eight, the twins began attending third grade at Wonderland Gifted/High Ability School. The twins submitted their stories about the Athens Olympics to the Los Angeles Times and were both published. Their poetry was selected and

published in a yearly anthology for two years running.

At age nine, they started to play tennis; their goal is to be star players on their high school's girls' tennis team.

By the time they were 10 years old, the twins had both written their own autobiographies as a homework assignment in their fifth grade English class at Wonderland. After that, they combined their written autobiographies and sent a copy to President Bill Clinton in appreciation for the birthday card that Clintons had sent them when they were born. And Clinton sent them a letter in reply commending them highly. What you see here is the first four chapters of the twins' autobiography, plus their 10 day journal describing their travels in China. The next book for readers will consist of the final four chapters of the biography, plus a journal of their travels to 10 countries around the world. Hope to see you soon!

On any ordinary day, the twins love to write. Their translated works have appeared in more than 20 publications in China and the United States. They have been published in media across China, including: Beijing's *China School Literature* Magazine, Ji Lin Province's *Personality Today* and *Magic Pen* magazines, *Shenzhen Youth Report*, Liaoning's *Literature for Young Adults* Magazine and *Life Sixteen-Seventeen* Magazine, Shandong Province's *Smart Languages* Magazine, the *Shenyang Evening News*, and Jilin Province's *Worker's Daily*, and

Junior Big World from Da Lian, *Pearl River Youth*, *Chinese Teenagers News* published them as well. The *Shenyang Evening News* officially announced Lanhua and Meihua as their overseas reporters for early 2009, and the paper has since published several of their articles.

In America, they were published in the *Los Angeles Times*, *World Daily News*, and *China News* and *Taiwan Times* and Denmark's *Copenhagen Post*, etc.

They also participated in Scholastic's National Art and Writing Awards; competing against 140,000 students at middle and high school, their pieces were chosen for a Gold Key award in 2009.

They like to read magazines and novels of all types, writing all manner of articles, listening to pop music, and watching movies with friends. They are sensitive, humorous and innocent. They wish to make friends with all Chinese children. They are two bouquets of dazzling and gorgeous flowers blossoming in the Chinese-American cultural garden—Meihua and Lanhua.

Xue Tao

Chinese Writers Association

Committee on Children's Literature

Recommendation Letter

Match 4, 2009

Dear Reader:

I´m so glad to introduce the outstanding Chinese–American, mixed–blood twins–Lilac and Dahlia Peterson, whose Chinese names are Meihua and Lanhua.

Even today, I clearly remember the night I met Lilac and Dahlia –seven years ago in 2002. It was one of my first appearances in Los Angeles, at the Dorothy Chandler Pavilion. What impressed me is that they spoke Chinese with a Shenyang accent. That amazed me, and it made me miss my home town. We talked a lot and finally we took a picture together and had a great time.

When I came again to Los Angeles, I played in the brand new Walt Disney Concert hall and I was surprised to see them again. After that, every single time I went to Los Angeles, it didn´t matter where I played, I would see them. We always found the time to talk together and take a picture. I especially found out that they were playing piano, and they were playing harder and harder pieces. I told them that you must play piano for enjoyment...and when you do that, then playing piano becomes interesting and fun.

Today, when I see them, I´m shocked–because they´ve become two beautiful teenagers. On a previous visit, I´d autographed their book of Chopin impromptus. I was overjoyed to learn that later, Lilac won first place at the Southwestern Youth Music Festival at a university in Long Beach. The book that she was using was the one I had signed.

The twins are not only smart, they are cute. Thay´re good piano players, but they´re even better writers. Since five years old, they´ve been writing diaries and also writing travel journals talking about all the places that they´ve been overseas. What´s most amazing is that they´ve written an autobiography about the first 10 years of their lives. They sent it to President Clinton, and they got a letter from Clinton that was highly complimentary.

They´re successful because they´ve been reading since they were 3, they´ve been writing since they were 5 and their writing style is graceful, detailed, mature and unique. I sincerely invite you to read their written works. I guarantee that you´ll be satisfied. I hope that all of the young people who have a dream today can use their efforts to make that dream come true. From today, they can do it. A great destiny belongs to you. In the meantime, I warmly wish Lanhua and Meihua a wonderful future.

Sincerely yours,

Lang Lang

Letter from the Former President

WILLAM JEFFERSON CLINTON

February 21, 2007

Dahlia Peterson
Lilac Peterson

Los Angeles, California 90027

Dear Dahlia and Lilac:

Thank you for sending me your autobiographies. I am very impressed by your hard work and touched by your thoughtfulness.

Young people are the future of our country, and I encourage you to use your talents to help you prepare for the time when your generation leads our nation.

Best wishes for every future success.

Sincerely,

Letter from 1st Grade Teacher

Dear reader:

As Lilac´s first grade teacher, I felt very lucky to have her as a student. I also know her twin sister, Dahlia. Lilac and Dahlia came to first grade already familiar with subjects to which some students were just being introduced. Since Lilac would often finish assignments before her peers, she had the free time to read books from our classroom´s library, which, as a book lover, I´d stocked myself with a wide selection of reading material from yard sales, library book sales, and thrift stores on subjects from sports to careers and wildlife. I noticed that Lilac routinely chose books at higher reading levels that I´d brought over from my third grade class.

After our field trip to the Long Beach Aquarium, the first thing we did was listed everything we had seen at the aquarium on a large white board. Each student would name at least five things that would fit into a variety of different categories. I begin the lesson by calling on the kids whose vocabulary was limited, so that by the time it was another student's turn, it would become more challenging for him or her to develop a list that was unique. Lilac was often one of the final students to be called on, but could create a list that was all her own.

Being unique is natural for Lilac and Dahlia. They are also critical thinkers, something that is not always taught or appreciated in elementary school. I remember one time when Lilac was giggling to herself. When I asked her what was funny, she told me her feet looked like killer whales. I looked at her little white ankle socks in the black T-strap Mary Janes she was wearing and, sure enough, they did look like killer whales, which made me giggle, too.

It's been a privilege to know the twins. It's a treat for a teacher to have students who are gifted and high achievers. It is also helpful to have parents who are involved in the education of their children and are willing to work with and listen to suggestions from the teachers.

I remember showing the girls a math game called "Tic Tac Toe Product." It's a great way to practice multiplication skills while having a bit of competitive fun. I was glad to share that game and another called Tangoes, a game based on the ancient Chinese Tangram puzzle. Tangoes is a learning tool that combines artistic and mathematical elements to enhance visual perception and creativity.

I´m glad to know the twins are continuing to thrive both in school and with their extracurricular activities. It´s wonderful that they have documented their experiences and travels and will be able to share their writing with others.

Sincerely,

Shelly Estes

Teacher/Franklin Ave. Elementary School

The twins with Shelly Estes.

Tribute to Parents

This autobiography has flown straight from our hearts to be dedicated to our noble, hardworking, respectable parents who have an unbreakable bond with us. They have taken the time to accompany us inch by inch on our journey, and they have influenced who we are in our lives.

They have decided to dedicate their heart and soul to our education, and see us on throughout the years as a student. They have nourished us and given strength to us since we were little seedlings, and have given us a chance to earn a spot in the world. There has not been one moment when they haven't been beside us.

We're so thankful and grateful to have such dedicated, beloved parents, who are highly intelligent and have an inexhaustible amount of patience. Because they have gone the extra mile for us, we need to ascend the mountaintop for them.

We give this to you in optimistic spirit, hoping you will

have very good health, a happy future and a great life.

Lilac M. Peterson

Dahlia L. Peterson

10/10/06

Prologue

Ten years, it just seems like 10 shiny, sparkling black pearls that, connected together, form a beautiful necklace. Like those pearls, each year has its own unique luster and shine. This decade of learning, traveling, happiness and hardships has made our life like that of a hiker scrambling to the highest peak. When we got there, we saw the most beautiful view.

We are often called "flower girls" because my first name is Lilac and my middle name is Meihua, which in Chinese means plum blossom; Dahlia's middle name is Lanhua, which means orchid. People also call us flower girls because they think we're pretty, like we're two blossoms waving back and forth, trying to see which one is prettier. But don't mistake us for being cute, obedient girls who don't scream or yell. We've climbed walls and trees and we are playful little twin girls. We pretty much have had a very mischievous and eventful life. We always think these 10 years have been a tapestry full of vivid memories of embarrassing moments, triumphant moments of being caught drinking mud, and scary moments. It has been richly accented by our annual travels to different countries, and we have a passion for traveling to a lot of places. You could actually call us girls who can take a plane to a country or state and easily get swept into their culture—and we won't blame you.

Our family has been a combination of cultures that resulted when our Chinese mother came to be with our American father. If you look deep within this story you will find out how amazing this mixed culture is. We have traveled to three different continents. We've written more than 100,000 words in our travel journals, and when we have the chance, we'd like to share them with you.

Our hobbies fill up our days, and will be introduced throughout this autobiography. We're now in fifth grade, and will graduate this year. Our life has been full of joy, surprises, and disappointing events. We would be greatly pleased if you could dig into this deep pile of treasure and learn about who we really are. We hope that after you reading, it will provide a harvest of knowledge.

Chapter One
A Rowdy Little Babyhood

Our mom lay exhausted on the hospital bed, her stomach ballooning because of the twins living in it. Her eyes were half-closed as she was waiting for the news that we were coming soon to this world...

It was July 1996, a day our mom had come for a monthly routine checkup. After the doctor checked Mom out, he realized that he couldn't see Dahlia moving, or locate her heartbeat. It was then decided that there would be an emergency C-section right away. The doctors immediately began preparing.

I, Lilac, was pulled out to a world of light as a fraternal twin at around 5:25 p.m., after we had stayed in our mom's tummy for eight months in two placentas. The difference between us twins was that I had come out one minute earlier than my sister Dahlia. I was given a bath and was weighed at six–and–a–half pounds. Dahlia was the heaviest baby out of the six newborns in the nursery; she was seven–and–a–half pounds. Our poor mom! How amazing it must have been for her each day to carry those two big and heavy babies!

We apparently weren't used to this great, strong light shining on our eyes after staying in a dark womb for a long time. We screamed and cried miserably, and a nurse came by and wrapped us in blankets. The darkness apparently made us feel safe; we calmed down and fell to a sleep of peace and honey dreams again.

I saw a special baby photo of me when I was two days old, and my hand weakly showed the photographer, my parents, and the world an OK sign. My dubious, round eyes stared at the camera, and my thick, dark hair was slightly rumpled into the shape of a mountain on the center of my head. How strange the world must have looked through my big, glassy eyes!

I (Dahlia) had my first picture taken when I was two days old. I was so sleepy and even after the photographer played with me for 20 minutes; I still didn't open my eyes. I just didn't care about this noisy world.

Finally, we left the hospital. Our new home was on a dreamy hill in a giant white house like a castle amid bougainvilleas and various other flowers, and we still live there today. From any window, you can see miles across the landscape. From our balcony you can see panoramic views of the whole of Los Angeles spreading out from the downtown skyscrapers. To the north, you can see the distant snowy mountains at winter. To the south, you can see Catalina Island and the Pacific Ocean, along with rows of huge palm trees along Hollywood Boulevard. To the east, we´ve witnessed all different kinds of sunrises in a curiously strong light that bathes the world. On the west side, you can see all types of different beautiful sunset views from our bedroom. All the endless varieties had a mysterious power and charm that is hard to put into words.

Though that didn´t really matter to us as babies, it would be the influence for many scenes that would develop in our imagination later.

When we got back home, our grandparents from China were waiting to see and take care of us. Grandpa was a really genial and gentle grandparent. In those early weeks, we would often be seen lying on the downstairs living room carpet with our family as they watched the Olympic Games on television. We watched (unknowing who he was at the time) as the boxer Muhammad Ali lit a funny looking "stick", and colored blurs flew up into the air, forming five looped Olympic circles. My mom and dad had already bought tickets for the Atlanta

Games, but since we arrived by surprise, they couldn′t go.

Because of us, the tranquil house was soon filled with happy baby noises as our tiny lives began to bloom. It was a great comfort to our parents and grandparents to see us playfully squirming with all our might, trying to flip over to touch each other. We had never been alone, even when we had been in the womb, we would box together. (This was seen in the ultrasound tape during a hospital visit when our mom was three months pregnant.)

To comfort me (Meihua) to sleep, my dad would sing a song he′d made along to an old nursery rhyme, "Lilac is a little lamb; her fleece was white as snow. And everywhere her daddy went, the lamb was sure to go..." While he sang these tunes he would bounce me up and down, and it made me feel very drowsy and comfy. Sometimes, even after our dad had sung us to sleep, he would still hum as he cradled us. I (Lanhua) enjoyed napping in the rocking cradle in our bedroom under the warm sun. He would often sing to Lan Hua: "Dahlia′s a little doll; she will grow up big and tall. She′s so sweet and she′s so small, Dahlia′s a little doll..." It was a cute little song that our dad still sometimes sings.

Time passed, and the family began to worry as our parents discovered my (Meihua′s) mischievous habits and had to adapt to my fast-reacting thoughts. When I was 10 months old, I was bathing in the bathroom sink. In the time that she went to answer a telephone call, I turned on the hot water to its highest point and the water spilled over my left leg, scalding it terribly. My mom heard a scream and came running. The large burn caused me unbearable pain. We immediately went to the hospital. This was the first accident in my life.

After some time had passed, the things that my mom and dad worried about happened again when I (Meihua) turned 14 months old and learned to walk. We were standing in our tricycle walkers and Dahlia wanted to catch me, so I tried to escape, and because I ran too quickly, I rushed down the living room stairs. The tricycle fell on top of me. Perhaps I´d been scared into shock, and as Grandma and Grandpa helped me up I didn´t make a sound. A little while later, I cried and cried because of the bruises all over my body. From then on, Grandpa kept a close eye on me.

When we were 17 months old, it was a starry night when we said our first word. We were looking out the window when we pointed at the "moooon", our favorite word. Aside from "mama" and "papa", some of our earliest words were "push" and "pig".

Happiness continued until we were 1-1/2 years old, when Grandpa and Grandma´s visa was going to expire, and they had to go back to China. The day after our grandma left, I

(Lanhua) found the slippers that Grandma frequently wore, and since I couldn´t really talk then, I started saying, "Muh, Muh," while frantically waving the slippers in front of my mom´s face. Mom could tell the question was in my eyes — where were my grandparents? Mom said, "Grandma has gone back to China." I was speechless. Dangling the slippers, I ran through every room. I looked upstairs, downstairs then outside, wanting to give her the slippers to wear. But I couldn´t find her, even if I looked around every day. I never found them again. After a week of crying, our throats were hoarse and our eyes were swollen from tears. But people´s faces fade from memory, and we eventually forgot about Grandma and Grandpa.

When we were almost two we could start talking with some faltering and some stumbling, and our mom immediately set to working to buy and make flash cards with three–lettered words like sun, cat, dog, pig and big...Our dad thought this was nonsense, and that we would never be able to read at 2 years of age. But our mom didn´t give up. She would flash the cards to us three to five times until we remembered them, and it didn´t matter to where those words showed up, we could recognize them. And soon enough, we could read small books. We would sit on the floor of our room or the living room, holding a book close to our faces and reading with much interest. The house would be scattered with stacks of all kinds of little books. Every week, we would go to the library with our mom and get 30 books. By the time we were three years old, we were eager bookworms.

Whenever our parents brought us on family outings, there'd always be some tourists who would want to take pictures with us at this lovely place with these little mixed twins as a memento. They thought it was really special. Every now and then the tourists would suggest that since we were so cute, sweet and beautiful that our parents audition us for a commercial. So our parents listened to them and received our Social Security numbers and Worker's Permits from the government. They easily found the best children's agent in Hollywood. We did about 10 auditions, and sometimes we'd get a call to come back a second time. Unfortunately, we didn't quite follow the director's directions. Pretty soon my parents got tired of our rowdiness and eventually just quit. But luckily we were chosen to act in a scene from a movie "Hello Los Angeles" when we were 10 and it was a delightful and fun experience.

As we cruised through the "age three periods" and as babyhood ended, we were approaching another bend in life. We were taking baby steps toward toddler hood.

(Most events in this chapter were gathered from watching the family videotapes, the family pictures and interviewing our parents)

Chapter Two
Tottyhood in Two Worlds

Our hazy childhood was so wonderful. Every day, we would lounge leisurely in our dad's den while looking out the window at the strange downtown below, counting the airplanes one by one as they flew across the landscape... Life was always carefree and fascinating.

That is, until our mom announced that we were going to preschool, and those indistinct years of infancy were over. The toddler years in two cultures thus began.

We started attending preschool. The preschool's name was Hilltop Nursery. It was located in a large public park atop a hill in a small, cozy red building, cocooned by willows and other trees. The playground had many things to play with, with tall swings, long slides, sandboxes and crazy monkey bars.

When we first got to Hilltop School we felt like strangers and started to cry because we felt homesick and wanted our mom. One really good teacher was Amy. She was a very nice and beautiful African-American young lady who took care of us the most. She was very patient, and made sure we had lots of fun. When she got off from work at three in the afternoon we would cry again because we thought she was our guardian. After a week that feeling lessened and we got used to Hilltop and we started to love this place.

The teachers at first couldn't believe that we could read at such an early age and they gave us some of their books, and we read all of them. Shocked the most, Teacher Linda didn't believe us. She thought those volumes we were reading were books we had already memorized at home, so she wrote a love poem on the spot. We could read that, too! She let go of the paper as if it were on fire and gasped, "They can read! They can really read! I've never met such a child!"

In the sand there were high slides that could twirl you down into the sand and huge rings that you could hang on, along with high-rising swings. There were curly and twisty massive monkey bars that were bright and colorful, and tempted you to play with them.

Behind the preschool, there was a garden hill covered with green, dewy grass, where all kinds of different plants were growing in the dark, rich soil. To the right of the hill, there was a tapestry of bright flowers. To the left there were tall golden maple trees standing proud and tall under the sun, which filtered in through the reddening maple leaves splashed with gold. The trees gave off a pure sap that made everyone's hands all sticky, and next to the trees was a tall fence crawling with blue and purple trumpet flowers. By that was an immense garden full of tomatoes, strawberries, cucumbers and beans. In the spring and the summertime there would be the fragrance of wild blossoms hanging in the air.

At that age we didn't know any better, and once we gathered dirt in a teapot, dumped it into a few cups of water and mixed it together, just like Mom mixing her green tea. And you probably know what happened… we drank the mud! Our teacher was scared we might get *E. coli*, which we luckily didn't.

Every day, we would sing or draw with the teachers. The most boring thing to do was learning the alphabet every day, because it had already been burned into our head at home. We'd eat snacks like cookies or peanut butter celery. We'd never eat the celery but we always polished off the peanut butter. Sometimes we could help bake the muffins and cookies or spread the peanut butter on the celery. These things were our favorite things to do.

We were always eager to read. We´d always try to hide a book under our cot before it was naptime, and when it was naptime we would read. All throughout those two fun years at Hilltop we would never stop reading, and the teachers never discovered us. Just like that, we easily read all the books in the Hilltop library.

Every weekend our dad would take us to Barnsdall Park to play ball and fly kites. On weekend mornings in Griffith Park, we´d walk towards the dawning sun, and start hiking amid the cool breezes. Hiking was our favorite activity. On the trails, we frequently experienced wonderful things that made us obsessed with hiking, and even today, we remember them clearly.

Whenever we came to the foot of the mountain, we would become excited and skip and run as we worked our way up toward the observatory.

Once we were hiking, and we suddenly spied a pair of deer sitting in the grassy meadow of a valley. We felt so pleasantly surprised that we each cried, "Look, look!" somewhat loudly, and that might have startled them. Their ears first pricked up and then they turned their heads and looked at us with large round eyes. And then they slowly stood up and turned their backs again to look at us. Then they sauntered beautifully down the hill to the bottom of the valley. The deer are svelte, tall animals, and their pelt is gray and their rumps white with a dark black tail. They strolled and nibbled on the tender leaves of nearby trees. They walk, they eat, they walk, they eat. They would turn their heads every so often to look at us. We felt guilty for bothering them, but we still stood there for a long time and were unwilling to leave. We hoped that they would change their mind and come back to us again. A few weeks after that, while hiking we always insisted on taking that path. Every time we came there we stood there a long time, hoping they´d be there. Yet, we´ve never seen them again.

When it was Chinese New Year another Chinese mom named Omega, who had come from Hong Kong, went to our school with my mom to tell Chinese stories, about why they have the special Chinese New Year. Legend is that once there was a giant, hairy monster that would come at the end of the year to visit the villages from deep in the mountains, and he would eat the peasants and leave their huts and land in shambles. Everyone would always get destroyed until people found a way to scare him off with drums and firecrackers and red displays. After that, the monster never came back again, so everyone started to celebrate at the end of the Chinese New Year. So every year at that time they would always beat drums, put up red banners, wear red and set off firecrackers.

Mom had brought her delicious fried won tons and Omega brought red envelopes filled with candy, (usually they put money in the envelopes instead; it means that you'll have good luck for the whole year). We loved to celebrate Chinese New Year each year with all our Hilltop teachers and friends.

We were only 4 years old when, after Thanksgiving, our grandpa Lorin Peterson passed away. We weren't feeling very sad at that time, because we didn't realize that we could never see him again. My grandpa got a stroke, and he could not get out of bed. He was an editor for a radio station and a government worker's newspaper, and his whole life was dedicated to writing, including several novels. My grandma was an outstanding reporter, and my great-grandfather was involved in the media as well and he built and owned a newspaper company. Our father also was a dedicated writer as well, and in our hearts he was our writing idol. We are ready to be the fourth generation of the Peterson writers. We want to strive to be even better than them.

On the morning of our grandfather's funeral, our family went to Redondo Beach and took a boat with our relatives and close friends so we could put our grandpa's ashes and lots of fresh flowers into the Pacific Ocean. That is what he wanted. We had remembered visiting him in the nursing home, and seeing his big, egg-shaped head drooping on the pillow. Our daddy would visit him every single day to bring him the newspapers, and on the weekend our whole family would go to visit him, too.

Two days before he died, we had visited him for Thanksgiving, and when I (Dahlia) gave him a slice of pumpkin pie he threw up a disgusting orange goop. It was the first time any of us had seen him throw up during one of our visits, and although we didn´t realize it, it was a sign that something was wrong. Now all the sad faces sitting around me on the boat draped a heavy curtain of sorrow over us, and we realized that this was a very important moment.

The next year, four months before graduation, our mom decided that we had to leave Hilltop early to go to China to visit our grandparents. We were reluctant to leave Hilltop, but there was nothing we could do about it. We hadn´t remembered a thing from our grandparents taking care of us as infants, so when we were getting ready to go there we were still excited to meet them.

When the day had finally come, all I thought about was what the real airplane would look like and what it felt like to be up in the sky. We could see our grandparents, and this time I (Lanhua) would actually remember their faces! These thoughts raced through my mind as I boarded the huge Korean Air jetliner.

After we landed in China, we were amazed of the differences we saw around us as we approached our grandparents´ home. Here we were, far from home in a strange place where people spoke a rapid dialect that bubbled from their lips endlessly. We passed by tall, looming buildings. There were no houses, none at all. All we saw were gray apartments. All over the place there were hordes of bicycles and people like we´d never seen anywhere before.

When we got to my grandparents house to find the door swung wide open, we noticed that it was our grandma, and we gave her a big hug. After that embrace, although we were still unfamiliar with her, we could feel her close, kindly feelings for us. Grandma had been cooking dumplings, which is our mom´s favorite food. After Mom saw her beloved leek dumplings and her own mother, she grinned broadly and it didn´t dissolve off her face for a long time.

Not long after we arrived in this new world, we were surprised by another shock: going to Chinese preschool. That was one of the purposes for the trip, so our Mom could let us study Chinese in China, since her teaching us Chinese at home wasn´t successful. Every morning, Lao Ye (my grandpa) would ride his bicycle with us to the school. We didn´t realize it would be such a beautiful and magnificent place, and how fun it would be. It was better than we had ever imagined, and much huger than tiny Hilltop; they had at least 400 kids there. There was a lofty three -story building with a spacious playground next to it. The playground was a network of slides, rings, tunnels, rocking horses, and Chinese hopscotch squares... it was all formal and orderly.

In the morning a huge speaker would play music and we would do morning exercises under warm, glowing sunshine and cool breezes. After that, they would raise the five-star red flag with the Chinese anthem playing in the background. Then we would go on inside to eat breakfast, a delicious meal that usually consisted of vegetables, rice soup and pan-fried dumplings. This was prepared by the four cooks of the kitchen at school.

Then we would study the Chinese language Mandarin for a long time before eating lunch. Mandarin was very difficult to us since there were four tones, and the English pronunciations didn´t have this. Everyone had to sit up straight with two hands behind your back. The teachers wanted you to pay good attention, but it was also very tiring. We had never sat this way, and although we were exhausted, we still had to follow the rules. The instructors were kind, but stern, and under their guidance, we moved swiftly through preschool. There was a humongous load of words with hard strokes and lines, which was confusing and nothing at all like English. But the way you could write it down in pronunciation tones was in letters.

We often got quite dizzy from the task of learning to write everything.

We would fantasize about lunch until the bell rang. The fragrant rice, fish, meat and vegetables were heaped onto our plates. After every meal, we would always leave the table very satisfied and in a good mood. After lunch we would go to the adjacent nap room, where everyone had their own bed to sleep on. Here there were pillows and very clean, comfortable bedspreads and soft, wooly blankets, all of them pearl white. A noon nap at Chinese preschool was perfectly refreshing after a big lunch and a whole morning of study.

After about two weeks, I (Dahlia) said my first sentence in Chinese, “May I go to the bathroom?” That′s because I couldn′t hold my pee. After that, it was like someone had let the cork off the bottle, and from then on I could speak Chinese.

July came, as well as our birthday. But we still went to school. Grandma had bought two huge cakes so all 40 kids in the class could eat a share. All over the class there were candies, cookies, banners and colorful balloons being strung up.

The teachers gave us necklaces to wear; which is the sign for luck and long life. We were also given some Chinese robes with pure fresh vermilion silk with embroidery of bonsai trees and women in robes. We also got cute teddy bears and a pink book bags from the teachers and principal.

Everyone was singing the Chinese version of the "Happy Birthday" song. Everyone was laughing while eating and playing, and it was such a good time with everyone wiping frosting all over their faces. Even the people who weren't playing with us still had fun enjoying the happiness all around them. That was a very special birthday to us, and we felt like Chinese empresses that day.

After our birthday, there was our grandparents' Golden Anniversary Day. They went to the best photo shop in town, and took a picture to remember it by. We took a picture with them, too. After that, we went to a big fancy restaurant and ate Chinese fondue. There was raw lamb cooked over a fire, seafood and a few different vegetables. To be honest with you, we didn't like it much at all. It tasted like Chinese medicine—ick.

One day we were riding home on the back of our uncle's and grandfather's bikes alongside when we passed a cricket seller selling good-fortune crickets in bamboo cages. We decided to get a cricket, and we hung it on the kitchen balcony and gave it scraps of green vegetable leaves to eat. We truly adored it and revered it like it was a treasure. We would greet it with a "Good morning!" first thing when we woke up, and would say goodnight to it when we went to sleep. The sad thing was that Grandma let it free one day. She said the cricket may die, because it was so uncomfortable here. It would be freer in Nature, anyways. We waved to it until we couldn't see where it was amid all the people. We felt really sad and we missed him a lot and we felt like we'd lost something.

Back at the group of households, we also had fun. Lao Yi Fu (one of our Chinese uncles) had bought 10 live crabs in a net, and when he let the crabs out at their destination, they pinched and poked their way out of the net. It seemed like they were uncertain of where they were once they had gotten out of the net; they were probably thinking, "Where is the supermarket tank that I used to live in, or the ocean?" But soon, a huge steamer was on the fire, and Lao Yi Fu was picking up the crabs one by one with a big cotton mitten. It was heartbreaking to see the two of the crabs jumping out of the steamer when they couldn't handle the heat, but just ending up in their steamer prison again with the lid tightly held down. After 20 minutes they were on the table, this time with hot red backs, and we were so sad that they were killed for food that we hated it and refused to eat.

There were also some weird things that I had never seen in America before that happened in the courtyard of our apartment building. First of all, there were a lot people walking around yelling "Shou po lan er!" That meant they would buy your old household goods, newspapers, empty bottles and old televisions. One day we sold some stuff to them. We got 6 Ren Min Bi, which equals 80 cents. We got to earn some real Chinese money by ourselves by selling recyclable items; that was interesting.

Over the weekends we went to different parks. One was called Tiger and Lion Mountain Park, which was one trip we could never forget. Inside visitors got their fill of amazement from the 30-plus tigers and 20 or so lions, which could do acrobatic tricks and perform in stunning shows. One show was of a long line of burly bears that leaped through rings of flaming fire. There was one of bears and monkeys collaborating together to roll hugely inflated flamboyant balls. Meanwhile other monkeys and bears sat on see-saws and tilted crazily back and forth.

After the shows, our mom permitted us to go take pictures with the alpha tiger. We stood a few inches away from him and watched him as he opened his mouth wide in several continuous yawns, exposing a cavernous red mouth filled with a few sharp teeth. After standing near the beast for such a long time, we began to get scared that he might reach out and take a bite out of us. Our mom ushered us away, and to this day she has regretted putting us next to such a potential danger.

The days were more interesting at Chinese school, and living in China wasn´t nearly as hard. All it took was a lot of willpower. When we left Shenyang Airport, we saw that our grandparents had tears coursing down their cheeks again, and that broke our hearts. We told them, "We will come to visit you soon. We will miss you, too!" Bye, grandparents, goodbye, China.

It was hard being torn from my relatives, and when we got home we really missed our grandparents and all of my relatives terribly again. We really and truly felt that we had two hometowns. One was China, and the other was America.

Chapter Three
The Joys of Kindergarten

Hurry up, it´s time to wake up, and get dressed. It´s time for school! "Let´s go, baby!" our mom yelled happily.

We were finally old enough to go to kindergarten, and our first public school was Franklin Avenue Elementary. It was a very beautiful, old two story building, and it seemed very clean and civilized.

When the first day of kindergarten arrived, we were so excited, and moreover, nervous. The first person we met at Franklin was Dr. Dauterive, who gave us a short speech welcoming us to her school, where she had been the principal for more than 30 years. She had a serious expression behind her silver framed glasses and wore a blue suit and skirt over her thin frame.

Our first teacher was the strict and funny Mrs. Kelly. She had worked there for 30 years, too. She had wrinkled cheeks, soft brown eyes and short auburn hair. She was very active and kind-hearted, in our opinion, more than the principal herself. Ms. Kelly did all sorts of nice things for us, such as raising chicks in an incubator. As the chicks grew big enough to leave the incubator, we put them in a big cage with chicken feed, and watched as they grew into fluffy yellow balls. After some time, the yellow fuzz became white. Although they were still the same size, they had sprouted tiny red combs.

There would also be fun field trips. Once we went to a firefighter station and watched as the firefighters demonstrated how to slide down the emergency pole and put on their uniforms. We also saw where the firefighters would sit in their positions in the fire truck. We listened as they explained what they did in their daily schedules and how everything was done in an emergency. It was really fun watching the young men leap to the pole and slide down over and over. It briefly inspired us to become firefighters, but that thought was never going to bear fruit.

Once we also went to Green Meadows Farm, where endless green grass fields slightly wavered in the wind. We hand-milked cows, rode horses round and round the pasture, fed goats and rode trucks filled with straw benches to go see the pigs and the pumpkin patch. My, it was awfully fun!

In kindergarten our best friend was Heidi Ho, who was a little skinny Chinese girl with big, thick glasses. Her father had a Ph.D. degree in medicine, and he had come from China to work at Children's Hospital. We liked Heidi; she was very kind and smart, and her math was very accurate and advanced. We always had really fun play dates. Sometimes we played hide and seek, or rode tricycles at the park. After one year, she returned to China with her parents. Sometimes we still miss her, and we hope one day that we can see her again, so we can have more fun.

When we were almost six, there came a day when our mommy was on a long-distance call to China to chat with our grandpa. Grandpa suggested that since the twins had already read a lot of books and could comprehend around a thousand words that they should start writing diaries. Our mom said that it was a good idea, but we should wait until the twins turn six, then we shall start. Grandpa said that you shouldn't have them wait, they should start now. Our mom said okay, but she first had to go downstairs to discuss this with us. Upon being asked, we both eagerly responded in unison, "Yeah, we want to write!" So Mom found two slightly used, thick notebooks for us to write in.

For her first entry, Lanhua immediately wrote, "Today I am so happy, but I want a candy." How funny that sounds today!

We kept writing every day. Pretty soon the one-to-two line entries became five to six lines. After another three months it became a half-page. Then the entries started having titles. Sometimes we'd write a page or more. We thought that writing diaries at such an early age was the best thing we could have done at that point in our lives. When we read those eight thick volumes of diaries again today, we find every entry very funny, interesting and valuable...and it helps us remember a lot of things we had forgotten already.

For spring vacation 2002, we went to Sequoia National Park and Yosemite. At Sequoia, we saw the General Sherman Tree; the world's tallest giant sequoia tree, being 275 feet tall. We gave him a salute, for he was 2,100 years old. He is a witness of history. The evidence of his tough life showed; we noticed black scar marks from fires all the way up to 40 feet high! (We found out that information from a plaque near the general.)

We also climbed a ridge around Moro Rock, an infamous boulder— which scared our parents to death. We had already ascended to the summit, and it was a fatality corner— to our right was a loose, crumbling path of sharp stones that were very easy to slip upon. To our left was a gaping maw speared with pointed, snow-blanketed pines and jagged rocks. Very close to where we were climbing was a giant plaque clearly displaying how dangerous the boulder was— the distance from the top to the bottom of the cliff was over 500 feet! Our mom´s face turned paper-white, she couldn´t yell because she was worried that we would get frightened and tumble off the edge of the cliff. Within a few moments, we eased away from the ridge, but that was quite a nightmare for our parents.

At Yosemite, which was a heavenly place of forests, lakes and waterfalls, we stayed in a room right near Yosemite Falls, with quite a beautiful view. We hiked up Vernal Falls, and it seemed that hiking up the thin and slippery path was as easy as being a salmon in water. The cool mist from the waterfall felt refreshing as the thunder of the spraying white foam grew louder. We climbed up higher than my parents could see, all the way to the summit, and we nearly fell into the waterfall because the rocks at the top were extremely slippery and the brink of the thundering waterfall was right before us.

We also went to the beautiful Mirror Lake, where the deep, swirling waters reflecting the distant snow mountains, pine trees, and Half Dome made us feel like there was another world hidden somewhere in that lake.

As summer began, we spent the first two weeks at YMCA day camp. Every day we went to different places, like Knott´s Berry Farm, the observatory, the park and the beach. That was a very joyful and relaxing time.

After that we went to Chinese Academy School for one month. For the whole morning they taught us Chinese, and then we would do our summer homework. Our academy also went to swimming pools, bowling alleys, ice skating rinks, and movie theatres, and we had unlimited fun and learned a lot. Besides day camp we took lessons at YMCA until we´d passed the most advanced course. (We took 2 years of classes) In addition to the lessons during the day, we´d go swimming with Mom every night.

After that we went to California Science Camp for another two weeks.

Our class worked on volcanoes and had animal and chemistry classes where we mixed chemicals to make foamy potions. In arts class, we built rockets from a Sprite bottle, and then, using a pressure meter, the teacher launched our rockets 300 feet into the air.

Our class often went into a cave where there were fox, vampire, and fruit bats. They lived in small glass cases inside a darkened tunnel with small stars and the shadows of trees reflected on the ceiling to make it look like that the bats were in their original habitat. When our two-week program finally finished, we realized it was one of the most fun, educational experiences we´d ever had.

One of my (Meihua) more vivid memories that summer was

the day I tried to catch a bee in our front yard, and got stung. My finger was swollen, and the pain was hard to bear. When I saw the poor bee die right after stinging me, I cried fervently. After that whenever I saw a bee, I would flee as far and as fast as I could. At least I learned I wasn't allergic to bee stings, because if you are allergic, the sting can kill you in 20 minutes. That's what happened to my friend's uncle who happened to be allergic to bees. The doctor said that bee allergies can kill humans.

We had also become friends with a Chinese boy who was a genius, and his name was David. He was a California Math Olympic champion. He was our mom's friend's son. Sometimes he came over with his mom to visit us.

Once we went fishing with his family at Legg Lake, and we sloshed along the murky lake's edge scooping water up in buckets and presenting them to David and calling him Master, since we thought of him as the genius of geniuses. We also had brought a big orange ball that had been a gift for Christmas from our godmother. As we were watching elegant white swans cross the lake, just as we weren't paying attention to it, the ball swiftly escaped down the hill and sailed with the wind far, far away. We were frustrated and sad, for we had lost our favorite toy. David said not to be sad, because the ball would find a new owner.

玩在浪花之间

兰花在海里看鱼

巨轮航行在太平洋上

在加勒比海

1 在英国大不列颠博物馆玩模仿

2 在挪威首都威格兰公园

3 在英国乡村，他们还不知道，这牛要来攻击了

4 在丹麦有很多这样的艺术奶牛

3

4

1 去沙士比亚家串门
2 跪拜在莎士比亚的墓园
3 找到了久仰的安徒生
4 参观挪威诺贝尔颁奖大楼

We had been fishing at Legg Lake for three hours, and hadn't gotten anything yet when David's line suddenly shook violently, and hauling it up, we saw that it was not a fish but a big turtle. It had a red puffy circle around its eyes, eyes that were shut with pain and fear. David decided to give it to us. We took his family's blue bucket filled with lake water back home with a tired turtle in it.

That night we decided to name it Monarch, for the genius master who'd found it. We kept it for two weeks, feeding it vegetables, meats and Lunchables lean ham pieces. When Mom had to change the water for Monarch, we had to take him out, and once we flipped him over he waved furiously, and he had a beautiful yellow octagon pattern on his underside. When we noticed that our Monarch refused to eat or move around, we thought that he must be homesick. So we had my dad drive a long way to send him back to his home, and Dad even bought the tickets for the entry fee to put him back into the lake.

During the weekends, our family went to a few different cultural and entertainment venues.

We went to the gorgeous Getty Museum, which was on top of a mountain and by the ocean. It was built in the 20th century style with stylish marble columns. The gardens and mazes were full of roses and wild hibiscus that reached down to touch the wooden arches. It was a palace of art and nature.

We also saw Marcel Marceau at a theater in Westwood, because Dad said we might never see get a chance to see him again. Mr. Marceau was a very skinny old guy, over 75 years old, with shocks of white hair. He was a world-famous mime, being the only one of his kind to perform mime plays. His face was covered with thick pure white powder; with broad, thick black-inked eyebrows that made him look incredibly youthful once more. He gave a gorgeous performance, with very expressive eyes and an extraordinarily flowing duo of arms and hands that connected his movements like silk. When he showed a butterfly flying, it looked lovely and realistic. His large, glassy eyes really could speak and pass information to you, and his body looked like a small lady's. Those beautiful eyes gazed at you from behind a delicate, expressive but wrinkly face. The most memorable and one of his most famous routines was when he performed his act of going from being a very young man to growing old and dying. The expression on his face as he lost his youth was unforgettable. After the performance, Marcel would receive a thunderous round of applause.

Dad had to pay a lot of money for us so we could see his performance, but it was a very valuable investment...since Marcel passed away a few years later. Marcel changed the way we enjoyed the performing arts forever. No one could ever realize that a normal elderly man like Marcel could actually go on stage and perform such an expressive and touching masterpiece.

During the weekends we would go with my parents to the Andy Warhol exhibit at MOCA. Looking at the Andy Warhol pictures of Campbell's Canned Soup and his pictures of Marilyn Monroe at different colors and black and white shades mystified me. But how and why did this man do this weird art that was not regular? We were always troubled about why people did bizarre things like this. Maybe we were still too young, and did not have enough knowledge to enjoy that, yet. But we liked his Chairman Mao paintings; they looked exactly like the painting of Chairman Mao at Tian An Men in Beijing. We even bought a refrigerator magnet with Mao on it.

After keeping busy all summer, we piled into my dad's BMW in late August and headed off for my great-aunt's house in New Mexico (where we stayed with her four beautiful cats), stopping along the way at Sky City. It was a traditional settlement where a village of Indians lived. The city got its name from its location, being on the top of a cliff. All of the residents lived in crude mud and straw huts. We felt quite confused for the peoples who lived here. Why didn't they take advantage of all of the 21st century's technology, instead of still choosing to live in poverty? Even today, we still can't imagine why the Indian settlements would choose to follow the harder lifestyle.

After spending a few days at our great-aunt Carol's, we drove back home and went to the Petrified Forest on the way, where we saw thousands of huge stone trees lying down the ground, over thousands of acres. The brittle, rainbow-colored logs used to be towering cycads, ginkgoes, and coniferous trees.

The state of Arizona used to have many rivers and streams, and as the trees fell into the waterways, the water carried the trees downriver. When volcanoes to the west erupted, ash carried by wind was deposited as sediment into the river. The ash contained silica (which today is put into packets to keep food and other things from getting moist) which seeped into the logs after being dissolved by ground water. This process formed hollow quartz crystals in the logs, and bits of iron and other minerals made the rainbows in the logs.

Not far away from there, we also got to see the world's largest crater— the massive Meteor Crater. What a wide crater it was! We were even more shocked when the park ranger said that the crater was 4,100 feet across, 550 feet deep, and more than 2.5 miles in circumference. It had been 50,000 years old since the space rock hit the earth! It reminded me of the piece of the meteor that looked like a huge piece of black shining iron that was on display at Shenyang Shi Fu Square in China.

After we left the crater, we ended up staying in a room that was on the rim of the Grand Canyon, which is also a world-famous destination. The rock layers that make up the walls of Grand Canyon range from fairly young to fairly old. The youngest rocks were formed approximately 260 million years ago. Some of the oldest rocks at bottom of the canyon are nearly 2 billion years old. Water flowing down the sides of the canyon carries away material forming side canyons. We went on some amazing hikes, and enjoyed a lot of the fantastic views. Before we left, we even got to see several California condors flying in the canyon.

Standing on the edge of a cliff, we would see the red, yellow, and orange cliffs stretching out like an everlasting desert canyon. Could anything in first grade be as nice as this?

Chapter Four
A Tapestry of Pleasure

The time came for first grade, but after summer vacation we felt like we never wanted to go back to school ever again. Our minds and my soul were still floating around the cliffs of the Grand Canyon...

On the first day I (Meihua) met my new first grade teacher, Ms. Estes. She was very lean and tall, and wore silver glasses, so she looked exactly like the character Ms. Honey in the book *Matilda*. She did very enjoyable things for us like Ms. Kelly did in kindergarten, such as getting a monarch butterfly chrysalis for each student in our class. We put them in jars and as the shiny green sacs grew, they unfolded and we could see wings opening as the butterflies pushed their way out. I felt sorry that we couldn't keep them and, at the same time happy that they could have a life of their own when we set them free into nature, and it was a very interesting feeling in my young life.

Around this time we went to Olympic Gymnastic Center in the San Fernando Valley and learned with our teacher Samantha, but after three months she left, so we lost our favorite teacher. We thought really hard about it, and realized it would not be that much fun for us any more. So we quit, too. From there, we took a drama class at Barnsdall Park, where our teacher was an elderly Russian woman named Eva. We had lots of fun, but not as much as we thought. So after three months we stopped that as well.

Fortunately, there were some things that we didn't give up on.

In late September, we began to study piano with teacher Liu, a Chinese professor and composer who also taught piano. He was very strict and so serious. We liked to play piano, but every day you had to practice 30 minutes to an hour, and it ate up our play time. We hated that the most, but eventually we learned that you had to practice in order to get better. We haven't given up on that, and even now we still have a passion for playing the piano.

In the winter of 2002, we joined Zhang Li's ballet studio taught by teacher Liu's spouse, who had short, crisp, jet black hair, black-rimmed glasses, and a pale white face. Even to this day, as we start taking lessons in how to stand on Pointe; ballet is one of the things we love to do the most. When we go to ballet class, we unwind and dance to lovely music. When you look at everyone´s movements reflected in the huge mirror along the wall, you get a feeling of how wonderful it looks. After class is over you´re totally sweaty, and it´s a terrific way to get exercise.

Not long after school started, we spent a long weekend at our Aunt Janice´s house in Bozeman, Montana, where we got to meet their nine wolves, and our adorable 1-year-old cousin Thomas, who was part Japanese. We would remember at night the sounds of the wolves howling and see their shining, sparkling eyes as Aunt Janice gave them slabs of frozen deer and salmon, and watched as the wolves tore it to shreds and gobbled it down.

Janice also had a wolf-dog. Once we got really scared because we went outside to where he thought we were trespassing on his "property," and he cornered us and was about to bite when Janice noticed. We were warned not to be messing with him.

Aunt Janice´s home was a bed and breakfast, a household hotel business. She and husband were both wolf lovers, so her pack of wolves would attract many other wolf lovers to stay for a few days at her B&B. She also lived close to Yellowstone, so her hotel was a perfect stop to rest. Her house had a bubbly Jacuzzi, a pool table, a spacious workout room, and many more places for fun. Her establishment consisted of a private guest house and more single rooms available in the main house. Their living room had a giant moose head mounted up on the wall, and its magnificent, curling horns were very beautiful. The two structures sat on a spacious 44 acres in the middle of a massive field of fiery gold autumn grass that extended out to the mountains way out to the horizon.

We visited Yellowstone National Park with our parents; we later learned that its area is one-fourth thc size of Taiwan. When we had just entered Yellowstone, we saw dense herds of buffalo more than 100 strong. There were elderly buffalo with glazed eyes and thick, long tufts of shaggy beard that looked like hippie hair, and there were newborns that seemed to just have learned how to walk. It looked like one peaceful herd of many generations slowly swaying across the road.

All the visitors in their cars stopped to let the buffalo pass, including us. We also saw plenty of deer and moose, and the deer peered curiously at us with large, glassy eyes as they stood there, and the tough, huge moose huddled in their herds, each one having a set of big, glossy horns on its head. It was all so tranquil and full of harmony.

There were also giant waterfalls in the heart of Yellowstone that rained down in foamy white curtains mercilessly on the rocks and boulders below, and nature seemed so magnificent at that moment. I felt much diminished compared to the waterfall.

Unfortunately, we missed Old Faithful Geyser, which got its name from the punctual time that it spouted. It had spouted a number of minutes earlier from the steam buildup in its underground hot springs, and wasn′t going to blow for another two hours. Its steam was hot enough to burn somebody to death as it spouted about 20 feet above the ground. We were in a rush, and couldn′t wait any longer, so we left.

Once a year, our favorite holiday Halloween arrived. We were so excited that we got up early that morning, and put on our costumes that we had picked out ourselves. Meihua picked a gray rabbit with two huge white ears on its head. I (Lanhua) chose a green frog with one big green pair of goggles that I would wear on my head. Those goggles were the frog′s green eyes.

When we got to school, we saw that almost all of the students and teachers had put on very strange costumes. A lot of people had put on very scary ghost masks. Someone had put on celebrity masks and after the second class we went to the playground, where the whole school had started a sloppy Halloween march, with everyone going around in a lazy circle holding hands. After that, we went back to the classroom and every single school desk had lots of candy and strange little gifts.

It was getting dark, and some streets were lit up and decorated for Halloween. Everywhere there were white spider webs hanging off the walls and windows, and other decorations included pumpkins carved with ghostly faces. Some houses were lit up with flickering ghost lamps. Several front yards were decorated with rows of tombstones, surrounded by skulls and skeletons. Some houses were very dark inside, but you could still hear scary, ghostly sounds coming from inside...

A lot of children were walking with their mommy and daddy, walking door to door and asking for candy. Whenever they went up to the door, they had to yell out "Trick or Treat!" One by one, every single house gave us candy. We carried an orange pumpkin-shaped bucket painted with a smiling, toothy face. When we were going back home, the pumpkin bucket was already full. This candy was enough to last us about half a year. Halloween was always a very enjoyable day.

One December weekend we went to Universal Studios, and during the holiday parade we actually saw the real Santa wearing gold-rimmed glasses, and a flamboyant red suit all lined with white fleece. He sat on a sleigh with a team of reindeer, and waved warmly at us with a jolly smile on his face.

On Christmas Eve night, we opened the fireplace door very wide because we were worried that Santa had a very big stomach and wouldn´t be able to fit through. We put out a cup of milk and one plate of cookies for Santa´s arrival, hoping he would eat the treats and give us garments and gifts. We still don´t know why this year was more exciting than the years before. Maybe we thought that the real Santa was more close to us since we saw him in person that year.

The next morning, the moment we´d opened our eyes we jumped out of bed and ran downstairs. We realized that Santa had come because the milk and cookies were all gone. And he even wrote a note thanking us for the delicious milk and cookies. We ripped open our presents as soon as Dad let us do so. We were treated to wonderful gifts, books, watches, fuzzy teddy bears, clothes, and two robotic dogs that could bark, eat and poop, walk, and show emotions and express different sounds. All of those were our favorite and most cherished toys that we had always been craving. Thank you, Santa! You understand us so well!

After we returned from winter break, it seemed that each and every day in first grade was the same because we had already read a lot of higher level books. In class they still taught us simple words, and it made us so bored! The only thing we would always look forward to was the Camelot Kids classes once every week. By the time there were only a few weeks left of school, we wanted to graduate badly, and when that time came, we rushed from the school building.

Mom plucked us up like weeds and drove us to Longden Summer School. After testing us, the principal made us study third grade math and English even though we were only first graders. We were bewildered. We blindly blundered through the first few weeks of summer school, perpetually dazed with confusion, but soon we got better. At the end of the term we both got higher than 95% in the class, and we were happy.

In mid-July, our family went to the Kid City festival in Exposition Park, near USC (the University of Southern California). As we were about to leave, our mom saw a booth for a free vision test, and there wasn't even a line. (Our dad hates to stand in line.) We decided, "What the heck? Why not take a test?" Everybody was shocked at the results, especially our mom. We were badly near-sighted. We could only see the first and second lines on the chart.

For the next two weeks, our mom went nagging, "I can't believe it. What happened?" Everywhere we went, she had tried to make sure that the reading light wasn't too bright or too dim during nighttime, and during the day she had always told us not to read under the sun. She told us to never lie down while reading, or to read while sitting in a car, or place your eyes too close to the book. She thought that this would keep us from getting near-sighted. But as our dad, who had glasses, said to us, "Welcome to our world."

On the last two weeks of summer vacation we went to Hawaii with our family. On the evening that we arrived, the night was black as dark velvet. Thunder boomed and lightning flashed, and the rain poured until dawn. We stayed in a hotel right by the beach. I (Meihua) could hear the waves tossing and turning, just like I did in my sleepless night.

Kauai was like one of heaven's islands right here on earth. The weather was always warm and sunny with azure skies. The water was eternally a clear aqua, and hibiscus and coconuts were everywhere. The mountains and oceans leaned together, and there were beautifully colored flowers blooming everywhere, along with all these different shades of green. While at Kauai, we went to Lydgate Beach. The waters were really calm and were perfect for snorkeling. We saw neon yellow and blue fishes, and sparkly silver and orange ones. We felt like mermaids when we swam in that water; where we could open our eyes to a world of coral reefs and fish...

We went on our first long hike on the north shore of Kauai after snorkeling at a beach. We had to hike more than two miles along the Na Pali coast on the Kalalau Trail until we arrived at Hanakapi'ai Beach. We forgot to bring water, and on the way back, we were so thirsty that we had to ask to drink some water from some nice camper's water can. It was dark already, and we were still deep in the mountains, with no one there, tripping over concealed stones and roots. We were scared that we would be found by some animal searching for food, and that we easily could have been attacked. Our hearts were still thumping loudly long after we had gone to bed.

The other morning we visited Waimea Canyon's Pihea Trail, and we went hiking for a long time while enjoying the views of thin, distant waterfalls and curling mist dragons in the air. The air was crisp and clear, and it stung our cheeks. The wind stole into our thin jackets and chilled our bones. As we walked, the golden grasses and green trees seemed to hail and bow to us. We started progressing along the trail, but realized that we couldn't go farther because it was too muddy and starting to get more narrow and dangerous.

We also enjoyed Queen's Bath, which was a large rocky cove near the shore of the ocean and really looked like a huge bathtub. It was tranquil except for the occasional splash of waves. In the green water, we saw lots of beautiful tropical fish, well-sheltered by barnacle walls. At one end of the cove, there was a cliff, perfect for jumping off into the bath. We found the fish there to be even more amazing: schools of little silver fish darted by in the water. Orange fish, blue fish, red fish, green fish, and purple fish swam by and blinded us with their brilliant hues.

It was time to go back to school again! We started second grade with our new teacher, Mr. Cook. He was a very short young guy, who wore golden-framed glasses, and a red T-shirt with dark red shoes. He always wore colorful T-shirts, and colorful shoes.

Mr. Cook was very sharp and smart, and I (Meihua) remembered that when I had very bad handwriting, he was strict about correcting me. If I wrote badly, he would tear up the paper. Sometimes I wrote my homework three times, and three times he would tear it up. After that my handwriting really improved, and became very clean and beautiful. At the beginning of school, I was a little troublemaker as a student. Mr. Cook would always criticize me, and to be honest with you, I didn't even think I had done anything wrong, and that he was just deliberately humiliating me. Once he had my mom come to school to talk about me after I said something very rude to him. I had asked him a question, and he didn't hear me, and he asked me, "What are you talking about?" I said, "Did you hear me? Do you have ears that can hear?" After that, I didn't talk during class or play around. Soon I became the good student in our class, and at the end of the year I got the award for the best student.

Those two years we both loved go to the Los Feliz Library, and we zealously read every book in all the different sections. We´d read stories about world legends, astronomy and more. Around this time, we also started with a new piano teacher, Mrs. Bierstedt, who was President of the California Piano Teacher Association. She was quite nice, but we didn´t really progress. Later, we would switch to a new piano teacher, Mrs. Fain. She was a pudgy Russian old lady who was much more into the classics.

We also went to the opening season of Walt Disney Concert Hall, and we were about the only kids there. The first show we saw was Russian Evgeny Kissin playing the Mephisto waltz on the piano, and peering through the binoculars, we could see how relaxed his hands were as he performed. Our dad bought subscriber tickets, and we saw lots of concerts in there; our ultimate favorite was Lang Lang´s piano performance. When we first saw him, he was 19 years old and already a world-famous pianist.

Lang Lang came from the same hometown as my mother. Once Lang Lang´s dad told us one story about Lang Lang had been playing piano since he was 2 years old. When he was young, Lang Lang would get up at 5 o´clock in the morning to practice piano for an hour every single day before going to school. The neighbors thought that he was their alarm clock.

One day Lang Lang got sick, so he did not practice. As a result, one of the neighbors was late for his early work shift! These stories were touching and made us realize that being a successful person is not easy, and that we would have to work harder on our piano. Lang Lang told us to "have fun" on piano. We did, and we thoroughly enjoy it.

One day I (Meihua) lost my first tooth. I wrote a letter to the tooth fairy. It said:

Dear Tooth Fairy,

I lost my first tooth but it disappeared. And if you look under my pillow, you won't see it. I really would like a pretty necklace; my twin sister would like one too.

Love, from Lilac.

I couldn't believe it when I woke up, and found out my sister and I both got beautiful shining "diamond" necklaces! You couldn't imagine how happy and appreciative I was; I was cheering and jumping up and down, and bounding through the halls with the new necklace swinging on my neck.

That December was a good month for us, because we won our first trophies at a *Chinese Daily News*–hosted art competition show. I (Lilac) had drawn a picture of a panda forest, with two sitting pandas eating bamboo. Dahlia had drawn a bamboo grove with a waterfall in the background. We were so jubilant. The paintings still hang in our bedroom, and we're both really proud of them.

In early 2004, we both took the IQ test given by professional school psychiatrists. We found out that there were more than 800 qualified students to apply for Wonderland Gifted/High Ability Magnet School. The school only took 40 students, and we were both accepted. Our parents were very happy, as if they had won a lottery prize. But we didn't know all this when we passed the test. We were just happy that we had succeeded. As a reward, our parents treated us to dinner at a classy restaurant. Even better, our parents were more than happy to reward us with 2 days of fun at Legoland!

We were amazed by how every single structure was built of nothing but plastic Legos. It was unforgettable to ride real plastic Lego cars that you could drive by yourself. At the end of our driving, we even got Legoland driving licenses!

Other than that, about the main thing we did for fun was riding our Razor scooters around the neighborhood. It was our new love, and for two years it was our favorite toy. It was so exciting to rush down a steep 20-foot driveway and a 200-foot hill and curve around and around, spin and jump. You couldn't even imagine how thrilling it could be.

As the school year wound down and the Summer Olympics

were coming up, we got a surprise delight when we both received a message from the *Los Angeles Times*. It was about an article the *Los Angeles Times* had published about being an athlete in the Olympic Games, and they had published both of our articles! It made us feel like real writers in the Peterson family at last.

China-A Travel Journal

6/21/2005 Day 1

· A Dream Comes True

Lilac Meihua Peterson

Summer break has barely started, and we´re already on our way to China. I want to go as soon as possible. I simply could not wait any longer; my mind had already flown to Grandma´s house.

Air China was a wild takeoff. I loved the ride, but I was very sleepy; it was 1:30 a.m. I missed breakfast while sleeping, then lunch, but at least I didn´t miss dinner!

I kept asking my Mom if the plane flight would take 12 hours to Beijing. She always said, "Yes, of course, honey." So when 12 stuffy hours of turbulence finally passed, I was happy it was over. It was just after dawn, and I was shocked at the humid, hot Beijing that exploded around me. We took a tram from the plane to the airport terminal and waited for Lao Yi Fu (the name means "uncle-in-law"). I saw my uncle´s smiling face, strong physique and bulky arms as he came up to greet us.

As we climbed into my uncle's tiny white Jetta, my excitement grew. I couldn't keep my eyes off the road. Outside, I saw lots of people, more than I'd ever seen. There were lots of bicycles, but there were far more cars in every shape, size and color and huge clusters of tall buildings. Even in the early morning, the road was crowded. Immediately, I could tell how different China was from the United States. That was my first impression of China.

I looked out my window with rapt attention, feeling very fresh. My uncle's apartment building came into view. It was one out of millions of many brand new, towering apartments in that neighborhood. Unlike a lot of apartment complexes in the United States, this one had a guard posted outside. It looked so serious and secure.

When we got inside, we crowded into an elevator made of shining stainless steel. We traveled up to the sixth floor. As we opened the double doors to my uncle's place (I'd never seen these type of doors in the United States), the scent of spiced peaches greeted me.

Then I looked around, and I was amazed at how beautiful the apartment was. It had the most modern 21st century electronics and appliances. There was a huge television, a long tan leather sofa, two luxurious bedrooms, beaded silky lavender curtains and a one-of-a-kind polished dark red wood floor. I could see my reflection in the floor below me. It looked as nice as any apartment in America. There are many Americans who don't live nearly as well as this, I'm sure. I had no idea that a "Third World country" had these kinds of wonderful living conditions.

After a brief rest and a wonderful breakfast of rice soup, bread and fried egg, we were bound to see Tian An Men Square, my dream place, the one lingering in all my heart's thoughts.

As I stood in front of Tian An Men, my mind raced back to all the times I had seen it pictured in books, magazines, television programs, travel ads and movies. It looked exactly the same, but now it was larger than life. It was as big as 90 football fields, the biggest square in the entire world! It truly looked like something dug from my dreams.

For years, I had been eager to see this place – Tian An Men Square.

Tian An Men Gate Tower sat at the north, where I could see a grand picture of Chairman Mao. The whole building was the color of brick red, the symbol of China. I could also see the five-star Red Flag flapping in the breeze, flying high in the square. The Monument to the People's Heroes dominated the square's center; the Great Hall of the People lay to the west, with the China National Museum to the east, and the Chairman Mao Memorial Hall to the south.

I can't describe how lucky I felt. So many children want to come here, but their parents don't have the money or the time. People all over the world want to see Tian An Men Square and the Forbidden City, but for them, it's just a dream.

Half the blood that flows through my veins is Chinese, and it was wonderful to see more than 5,000 years of history and culture unfolding before me.

It thrilled me to hear my fellow Chinese talking about these wonderful surroundings, and I wanted to study the Chinese language and culture more diligently than ever before. It made me feel so warm and close to my ancestral home. My dad came over and said he had called me three times already, and I hadn't even heard him. I had to move on.

We walked over the white jade water bridges and under the huge picture of Chairman Mao. We then entered the Forbidden City, the home of two dozen emperors and where the last emperor of China, Pu Yi, lived. We saw palaces decorated in imperial red, topped with golden roofs where rows of gilded animals sat. We also saw the Emperor's thrones, and the one with lofty cranes and lotus surrounding was the most beautiful of all.

I was fascinated by the detailed stone and bronze work

along the edges of the lion statues, which are among the first thing you notice when you enter. The Forbidden City is divided into three sections – the emperor´s workplace, his play area in the back, and the place where he slept.

You can find dragons throughout the Forbidden City because they´re a symbol of the emperor´s power, and the more dragons, the more important the structure. There were hundreds of rooms filled with treasure, and places where Pu Yi would run about the palace with his friends, along with the room where he spent his wedding night. It was very special and mysterious.

I almost collapsed from the searing heat and the thick layer of smog, and luckily Mom bought us green bean ice cream (bing guei er). It was so different from the type we have in the U.S. It uses less milk and less sugar, and more ice, but I still liked it, especially on such a hot day. Still dead from smog, I was forced by my egghead Daddy to go to the Imperial Gardens, where Pu Yi would play and kiss his wife under the trees. Seeing sea rocks and lions with all the knotted roots of the trees was a blissful experience.

We exited Tian An Men and went happily walking on to Bei Hai Park, which is like a spacious backyard to the Forbidden City. I saw a huge body of water where large carp, catfish and goldfish swam out peacefully to greet us.

We hiked to the top of Beihai's mountain, where we saw all of Beihai Park, a beautiful view with the pagoda shining in the sky, a white jade bridge and many summer willows weeping to the water. There were colorful boats in all different types—dragons, swans and traditional European and Chinese styles—and people rode in them, singing and laughing.

We got on a fancy boat and rode to the north part of the park, where we saw a long-haired man playing guitar and singing Cultural Revolution songs, and about five or ten retired people singing along merrily. Sometimes my mom sang along with them. You'd never see anything like this in the United States! Most old people in America stay indoors and don't get together in the park to sing.

After a long hike, we hailed a taxi and drove to a McDonalds across the street from the Military Museum, where my uncle took us to the fancy, five-star Peking Duck restaurant, where we ate hungrily and greedily. I will not eat a dog or a rabbit, but I will eat roasted Peking Duck, especially when it's covered with that special brown (Tian Mian Jiang) sauce. It is far better than the Peking Duck that I ate in America.

After dinner, we went to the Home World, a massive supermarket. There were pastries, produce, meat, shoes and almost everything you could want. It was exactly like an American-style supermarket and food mall, only larger and far more crowded. We bought Chinese shoes and some food, and headed back to Uncle's apartment, where we were greeted with the familiar sweet aroma of peaches once again. It was after 9 p.m., and after showering I collapsed on the bed and slept like a pig.

6/22/2005 Day 2 Exploring the World of Tian An Men Square

Dahlia Lanhua Peterson

Today would be different than the day before. We were going to see Tian An Men Square in detail.

We first made our way towards the Great Hall of the People, which is used for legislative activities by the Chinese government and the Chinese Communist Party. To my disbelief, it cost money to get inside. Upon paying, we entered the Great Hall, passed through security checks and put plastic shower caps over our feet (so as not to disturb the floor). Once past the security checkpoint, we filtered into a main room where there were three colossal chandeliers above our heads. They were covered in heavy clusters of crystal and weighed 1.2 tons each, and were surrounded by paintings and big crystal lights.

Our guide told us how volunteers had built the Great Hall in 10 months between 1958 and 1959. There are 30 meeting rooms, including 29 halls named after each of the provinces in China. Shanghai Hall was incredibly impressive. There were wavy crystal tubes hanging down from the ceiling, and a backdrop painting of Shanghai spanned the entire wall, creating a cityscape that added an appealing touch to the room. It looked just like a shrunken version of downtown Los Angeles.

The main auditorium (where the National People's Congress meets) was vast, with a giant red glass star on the ceiling, surrounded by pale green and yellow triangles. The auditorium itself could seat 10,000 people. It was a grand sight to behold.

Next was Chairman Mao's tomb. We dashed over to the line of people, since it was the last tour of the day. We couldn't understand why, since it was only around noontime. Although Mom had never seen Chairman Mao's tomb before, she couldn't get in line because she had to watch our bags. Mommy was so noble, and I felt so bad that they wouldn't let her inside that I was almost moved to the verge of tears. But suddenly my mom disappeared. Several minutes later, the line began to move. We were almost inside when I saw Mom running toward us soaked to the skin with sweat. I'd never seen my mom run that fast before! She'd found a place to store our bags, and then came rushing back to us. The nice guards let my mom through — that was a kind thing to do for an overseas Chinese like my mommy who had traveled thousands of miles to come here, and who had a very limited time and chance to see these places that were so important to her.

Inside there was a room only occupied by a special crystal-clear display case with Chairman Mao lying face-up. I heard that there was no air inside; to make sure he would not rot. At first, I didn't believe it was really Chairman Mao, but more like a wax version. But I soon overcame my doubt and said, "I see, that's Chairman Mao; that really is him!" Mr. Mao looked he was sleeping. He was in black loafers and a dark suit (my dad called it a Mao suit), and he had been waxed in order to preserve his body. A wart-mole jutted out above the center of his chin, and it seemed to me that his eyes were still open, and blazing with confidence as if he were still alive. He looked so unreal, it was like a dream - maybe it was the effect of the wax. I heard that a body preserved that way could last forever. Believe me; they don't have anything like this in the United States. I wondered why he was there, and nobody else. My mom explained that he had won the Chinese revolution that created New China in 1949.

We exited the air-conditioned room, and the hot sun blasted once more into my watery red eyes. We now headed for the National Museum of China, where we saw Chinese treasures — at least 720 of them. One of the artworks showed seven oxen standing on top of a stone hedge, while two tigers crawled up on each side. We stared in awe at the unearthed jade and wooden oxen. One amazing piece showed 12 oxen connected together, looking in different directions. We gazed upon fascinating figures carved from white and green jade. What neat art!

I saw the whole history of ancient China laid out before me in metal and precious stone works from thousands of years ago. These were possessions from the Bronze Age, and it was filled with detailed precision. I could see the minute expressions carved into the face of each stone statue, and beautiful bronze animals that looked like something out of a dream. These kinds of precious and priceless historical belongings were sure to be hard to find in the United States.

The next section was of great interest to me. Marble statues, torsos, gods, goddesses, the works on immortality and mortality... here comes Greek history! I had no idea why it was there, but my dad told me that it was probably connected to the Olympics, which had been held in Greece the previous year. It reminded me about the 2008 Games. I wouldn't miss the Beijing Games for anything! Outside the museum, I saw a clock counting down the time to 2008. That was really out of the ordinary to me.

After we left the Greek section, we entered a mysterious place filled with people, and I saw two of them posing for pictures. Wait a minute! One of them was Chairman Mao!

Something was terribly wrong. Oh no, they were wax! The whole place was filled with wax figures, emperors and all, including Yao Ming and Chinese military officers.

I thought Yao Ming didn´t look as good as he does on TV during the NBA basketball games. He´s so cool and handsome, and the statue wasn´t too nice looking at all. Bill Gates looked surreal, too. But the emperors were the best! I took a picture with Deng Xiao Ping, Chairman Mao, Lenin, Sun Zhongshan (known in the West as Sun Yat–Sen) and the top 10 generals in China. It was really a lot of entertaining fun.

When we got outside, it was scorching hot, and our energy was slowly sapping from us. Going south from Tian An Men Square, we saw a handicapped man with no hands, writing words in an atypical way. He couldn´t help himself; he had to clutch the brush with his wrists. What an unfortunate man!

After that, it was walk, walk, walk...Just walk 'til you see a dumpling hut. We ended up on a very busy street, and in the middle of all the stores' signs, on a black background, were three big gold letters that said "Gou Bu Li." The three words mean "Dog Won't Care." Finally, we´d be able to eat!

There we were served a dish heaped with dough buns stuffed with pork, veggies or seafood. My mom ordered all different types of dumplings, and they were all put onto one plate. Lucky me! Pork and vegetable dumplings were all that I ate – I had at least five. Stuffed, I looked out at the painted wooden people sitting by the front door. There was a man holding a white bowl of dumplings, giving them to a princess or empress who was holding a dumpling in her hand. The man seemed to laugh as I looked at him.

There are a lot of different legends about "Dog Won't Care." My dad's American guidebook calls it "Dog Don't Touch," and said that it was named for the inventor, who was given the name "Gou Bu Li" to protect him from evil spirits. However, we'd heard from my grandfather and a Chinese cook in the United States that the legend involves a cook in Tianjing named Gao Guiyou (his nickname was "Doggy") who was famous for his dumplings, but who was very shy and didn't like to talk at all. Instead, he would just give each order of dumplings to the customer without speaking. They would put their money in a bowl on the table. Eventually, the customers started calling him "Gou Bu Li" ("Doggy won't care") because he didn't want to talk to anyone.

In any case, after lunch, we walked back down the street and hitched a very crowded ride on a three-wheel buggy cab that took us to the Temple of Heaven. The buggy was only fit for two people (so I sat on Mom's lap, Lilac on Dad's), and it was very unsafe.

The main part of the Temple of Heaven—the Temple of

Prayer for Good Harvests—was closed for repair until the following spring (they were fixing up the whole city for the 2008 Olympics).

We trudged through the heat, never stopping, gazing upon trees along the path ahead. It was hot as a hellhole, and what do you know, we forgot our water! Los Angeles is almost NEVER this hot—it′s a breeze compared to Beijing.

Most of the main temple was covered with green blankets of tarp and brass scaffolding. Still, it was basically okay. We saw some flowers and statues of stags, dragons, firebirds and elephants,

Finally, we flagged a taxi to Chang An Boulevard. From there, we went bustling home in a tiny Jetta to a tall apartment – Lao Yi Fu′s household. It was the end to a very busy, rushed and nerve-wracking day; we were no longer under the gun. We relaxed and watched Peking Opera on TV. My dad loved it so much, but I doubt he really understood it, but he always burst into laughter, laughing so much that it made me wonder for a long time what he was actually laughing about.

6/23/2005 Day 3
Adventures at the Summer Palace

Lilac Meihua Peterson

I thought today would be a short day, but it was just the opposite.

Uncle drove us quickly to the subway station, which always seemed to be full of people. We climbed aboard a packed train. It zoomed at full speed, far faster than the Los Angeles subways. We got out at Xi Zhi Men, and then caught a bus to the Summer Palace.

When we saw the immense crowds, we knew we had arrived at the most magnificent imperial playground in all of China – more than 700 acres in all. My daddy told us this place took 15 years to build, just so the Empress Dowager Cixi could make it her full–time residence. After the end of the imperial era, it was turned into a park in 1924, and in 1949, they fixed it up and made it even better.

When we had just gotten inside the main gate, we saw

stone statues of cranes and cormorants lining the sides of the garden, and water lilies in full bloom in the huge Kun Ming Lake. It looked like the heaven of Yu Huang Da Di, with rosy pink lotuses, with their crisp green leaves lining the white bridges of gleaming stone. Flamboyant boats floated by, and the golden and red peaks of Fo Xiang Ge stood far away in the distance, surrounded by a shade of green. It was a fascinating vista that lured me in.

We gazed at coral-green lily waters that rippled in the morning sunlight. This place was like an outdoor museum of Chinese garden styles. There were little houses where artifacts of jade, marble and ancient treasures were displayed. There were different kinds of Western clocks that the imperial family used to enjoy, and one of them looked like the grandfather clock in our living room. There were combs from the empress' collection, along with her makeup, shimmering jewelry and cooking utensils. There were stone slabs with words carved into them, along with china and silver tea sets, gongs, and other gifts that foreigners had given to Pu Yi and his mom.

Then we got to walk on Chang Lang, the world's longest outdoor corridor! Chang Lang looked like a giant red dragon lying by the north shores of Kun Ming Lake. We sauntered through the doors and meandered through the gardens around Chang Lang, where we rested and had a yogurt cup before we began strolling Chang Lang's outdoor promenade. The pillars, crossbeams and ceilings were decorated with more than 10,000 pictures that had first begun to be painted back in the 1700s after Emperor Qianlong sent artists to Hang Zhou.

There were paintings of the legendary monkey, Hou Ge, along with pictures of maidens by lotus groves and rose gardens. There were people dressed in ancient fancy robes praying amid groves of bonsai trees. It was like one big lesson in Chinese literature, history, geography and mythology. There were red columns and benches along the sides of the corridor, which was about a half-mile long. When they said it was the longest corridor in the world, they were right! My mom told me each picture is like a centuries-old tapestry; it has a story in it.

We started hiking up Longevity Hill, which climbed sharply like a long, steep driveway to Fu Xiang Ge, where there were imperial buildings and ledges. They were remodeling many of the buildings, so I couldn't go up the center of the main hill—and that was very frustrating. Lanhua and I went off to the side instead. Where we were going was a little bit too dangerous for us, with rocky ledges and rocks. We were always full of mischief and adventure!

We went onto Suzhou Jie and wandered along the buildings next to the peaceful mirror-like waters, and saw its jade-colored plant-choked (but pretty) river, and the beautiful dragonflies. I gazed at the trees and jade bridges that were reflected in the water. There were restaurants that were styled like the ones back in the Qing Dynasty. The waiters and waitresses were wearing robes like the ones back in the day. There was a hut with these hand-working machines to make thread, then stitch the clothing. It made me feel like I was walking down a Qing Dynasty lane during imperial times.

Lanhua and I took another costume picture. Their wardrobe included large headdresses of pink and gold trimmed lotuses, bright red and pink silk dresses and robes, and big fur winter jackets. They told me that the emperors′ wives had worn these costumes. I was so happy that I could dress like an empress. I couldn′t ever do such fun stuff in the U.S..

We wearily circled back to the main lake and passed by the extravagant boat that the Empress Dowager built with money that was meant for the Chinese Navy. Actually, it′s not a boat, and it′s not marble, either, but most people these days think it was a huge waste of money that showed how bad things were getting under the Dowager Cixi. I still don′t understand why she spent so much money on this boat. If I was a Navy dude and I couldn′t get a better life, I would curse that Dowager woman till I died! My daddy told me that there was once a scholar who said it wasn′t such a bad thing that that Dowager woman stole that money, because if there had been a war, the other countries would have sunk all those beautiful boats anyway.

The white marble boat had a dragonhead and a dragon tail; it is about 36 yards long. They call it a "Long Chuan". There were ripples and lotuses carved on the sides and there were stone railings and benches. I wish I could have ridden on it. I kept on wishing and imagining how wonderful it would be if that dragon boat could fly, even though I knew it couldn't move.

We convinced mom and dad to go pedal boating on Kun Ming Lake, which made me so weak. Dad and mom relaxed and let us control the boat entirely as we worked, and drizzly sweat drenched me.

At first, Lanhua and I were trying to head straight for the Seventeen Arch Bridge. But we couldn't quite reach the bridge; we were going around in circles and squiggles, bumping into the dock and then drifting off course. Then one of those flamboyant boats came chugging at us! We pedaled and pushed, and the boat missed us by an inch! We thought, this stubborn little Chinese boat won't listen to us just because we're foreigners!? No way, we'll conquer you! After that, the boat listened to us, and we did better and better, finally reaching the Seventeen Arch Bridge, where we caught a glimpse of a beautiful bronze ox statue near the east end of the bridge. We raced back to the dock when we had 20 minutes left.

I finally realized that when I saw a couple from a boat doing this kind of work, it wasn´t just easy because they were big and experienced! We came in for a slightly bumpy docking just on time. I was so drained of energy, plus that scorching sun was roasting me, like I was a piece of tender beef in an oven. I felt like I had lost five pounds, and my hand was numb from holding the railing. Mom gave us candy as a reward for finishing the journey.

We were exhausted by the time we got out there went home, but we saw Seventeen Arch Bridge and all that neat ancient stuff. We got what we wanted. It was better than Disneyland because Disneyland is just Mickey Mouse, Minnie Mouse, Goofy and Donald Duck with amusement rides. The Summer Palace is a ride back in time with Chinese history, woo! I wish that all this beautiful stuff would enter my dreams so I could continue to play with them...

6/24/2005 Day 4
A Day of Mystery and Fun

Dahlia Lanhua Peterson

Today, as I was to find, would be another day with the temperature soaring at over 100 degrees. It was sure to be roasting hot.

I thought the Lama Temple was a place where there were carvings of worshiped llamas inside the temple. (Lama sounds like llama, an animal, so I was confused.) This sure made me curious, but boy was I wrong!

From the subway, we walked for a while before we reached the entrance of the ancient Lama Temple. It had been constructed more than 300 years ago, and converted to a temple (Yong He Gong) 50 years later, after the Qing prince who owned it became the emperor. I could smell the burning of sweet incense from far away, and that made me recall the Los Angeles Xi Lai Temple, where the famous Xing Yun Buddha lives.

The first thing I saw when I arrived at the Lama Temple was huge, cavernous incense burners with black ashes in them. All the burning in these deep metal vessels had left them stained with black scars of ash. I felt like I was in a dazzling, unreal dream with all the smoke swirling around all over the place.

I saw Lao Dao with their hair tied up in buns. They wore black pointed caps with long earflaps that made them look like waiters in a Japanese sushi restaurant. My mom told me that the Lao Dao rarely cut their hair, and because it was long, they wore it up under the cap, according to their religious tradition.

We saw people praying with incense on flowery cushions in front of the Buddha, or Ah Mi Tuo Fuo. Inside, there were pots full of the best peaches, apples, and plums as offerings to Buddha. Meihua and I knelt at the Buddha's feet and prayed. "Ah Mi Tou Fuo, Qing Bao You Wo Qu Hao Fu." This means "Buddha, please hear my prayer to let me go to Harvard University." I had to speak in Chinese because I feared that he wouldn't understand me. Then we would kowtow ("ke tou") three times, and move to the next building. I did this 12 times for different Buddhas. I hoped that it would work.

We walked through five central halls, and at each hall there were four temple rooms located at the East, West, South, and

North, (what the Chinese call Si He Yuan), and every temple had different Buddhas. The buildings had triangular roofs with thresholds of gold wood or plain wood. The buildings were black, gold, and red, and most were topped with richly decorated ornate yellow-tiled roofs.

Everything was musty and dim, but the strong spirit of the Lama Temple made all rooms glow with spiritual light. I noticed this in a very "spiritual glow" filled room. It was the room of The Wan Fu Ge, the Temple of Ten Thousand Happiness.

In that room, there was this Buddha (Maitreya, the future Buddha) that was HUGE! The head scraped the ceiling! Its foot was immense—about two feet long. The whole statue was covered in glittery and shiny golden paint, which glowed subtly in the dark, and colored strings were tied from its shoulder to its hand. I could not believe the sight before my eyes. All the Buddhas were covered in gold paint and had big ears with huge earlobes. Some Buddhas were warlike, and some highly revered. They all held their hands up in the Buddha way. I felt that the Buddha was alive, and sitting in his throne laughing with joy at the foreign twins bowing to him.

We also saw statues of Yu Huang Da Di, who is the god of the skies, and his greedy and selfish wife, Wang Mu Niang

Niang. I remember them from the 52 Cartoon TV Series- Xi You Ji, which was about the mischievous Hou Ge.

The Lama Temple impressed me a lot, and to me, it was full of mystery.

We left the temple and it began to drizzle. There was a man begging on behalf of his sick wife and son, they were on the ground covered with a big rotten blanket. With sweat running down his face, mixed with tears, he was knocking his head on the hard ground over and over again, for his wife and son was severely ill. Beside him was a little can with a bit of small coins and he was beside himself with worry for his family, not caring if he died from knocking his head on the pavement. I felt so sorry for him, so Meihua and I gave all our money in our pockets to him.

At noontime, it was onto the zoo and the pandas. We didn′t even eat our lunch, since we were so excited. Without waiting, we made a beeline for the panda display, where we saw the sleepy giant bears only a few feet away from us. They were gigantic! One panda′s stomach was puffed up with air, and she looked so portly that it looked like she was about to give birth to twins. We tapped the glass, and the pandas would stir. We waited and waited, and in my mind, I struck up a conversation with them:

"Gee, I have to say, you guys are so lazy! I come from

very far to come see you, so why you don't play with us?" I tried to get them to cooperate, but I don't think the pandas understood English, so I ended up saying "Wo qiu ni le! Qing gen wo wan ba,"which means "I beg of you! Please play with me." Shortly, one bulky panda woke up; perhaps she did understand what I was saying. She was so cute! She had a big bulbous body and chunky thick legs, a mask of black around her eyes and a bit of a waddly appearance about her. Nearby, two other powerful pandas were fighting over a stalk of bamboo, growling and whining in frustration.

This was a far shot better than seeing pandas in America. My parents once took us to see the pandas at the San Diego Zoo south of our home in Los Angeles, and we had to wait in line for an hour, and on top of all that, we could only look at them for a few seconds before moving on. We couldn't talk or make any noise as we moved past the pandas. In America, they treat the panda like a king. But here in Beijing, we could stay as long as we wanted to view these kings. It was like paradise.

We headed out for the birds' cages, where beautiful arrays of red, gold, pink, green, orange, yellow, and black swirled and blurred together in a flurry of constantly fluttering wings. —And we rejoiced when we saw swans. (Swans are our specialty. We like to draw them a lot at home). We threw little bits of bread at them because we wanted to play with them, but we were so disappointed that they wouldn't play with us at all. I remembered what happened the year before, when we went to Hawaii and my mom took a picture with two pure white swans. She was smiling and looking at the camera. She had a hibiscus in her hair, and she wanted to have the swan in her picture. She held out a bouquet of orchids in her right hand to attract the swan. The swan tried to kiss my mom's hand. Suddenly, she jumped up and screamed ACCK!!! She dropped the flowers and ran away, thinking the swan had bit her hand. It was very funny.

After seeing the Beijing swans, we headed out from the bird cage. We found ourselves strolling around a lake. There were brown pelicans and cormorants gliding on the lake. There was a monkey family living in a big willow by the lake. The mother and father were taking care of their baby son, making a small nest for their baby, and picking the lice from its skin. They looked like a peaceful and happy family.

We kept walking and saw baboons, gibbons and more. At one exhibit, a father mandrill was grabbing his kids and wife and biting them. The dad would chase his kids up a vertical wall. He got in a tantrum and grunted with rage. He would claw at the wall, going up and down many times in the hopes of getting a little baby. If he didn't succeed, he would pounce on his wife. What kind of family was this?

At the wild animals area (boar, lion, etc.) display, one tiger leaped out of the water to get a bird and missed. That powerful paw would have knocked me down! There were a few huge and wild turkeys on the loose, and Meihua and I were chasing them round and round, and they hated it! They got good exercise, I'm positive!

Beijing Zoo is much bigger and more fun than Los Angeles Zoo, for sure.

Suddenly, the black clouds were gathering and pressing down on the city. The wind howled and shook us. We realized a storm was coming. My parents said it was an urgent matter that we leave the zoo, and I felt so sad that I hadn't played enough yet. As my mom caught a taxi, it was raining cats and dogs, and the earth was being penetrated by rain that washed over Beijing. I could imagine a new, clean city rising before my eyes the next day.

6/25/2005 Day 5

I Climbed the Great Wall

Lilac Meihua Peterson

Deep down in my mind, I just couldn't wait—I was so excited. I'd heard the Great Wall is one of top four sights in the world. The Great Wall is only one of two landmarks on Earth that is visible from the Moon. The other one is the Pyramids in Egypt. For a long, long time, I'd been eager to climb the Great Wall.

On the way to the Great Wall, I saw large pictures of Yao Ming everywhere. We'd also seen his picture on billboards all over Beijing. That was really cool, because we had just seen him during basketball season in Los Angeles and on TV. Yao Ming is really respected in the United States; sometimes he was ranked the number one player in the NBA in America. I always wished that he could play for our hometown team, the LAKERS.

On the way my parents chatted with us about the Great

Wall. I have read a lot about the Wall. I know some facts now... Although it first began to be built more than 2,000 years ago during the period of the Warring States, the construction of Badaling (the section we were visiting) began in 1368 and continued for over 200 years. Can you imagine how many empires have risen and fallen since then? I don´t know that, yet. My daddy didn´t know that either. I hope in the future that I can learn more about Chinese history and culture, so I can answer these questions.

Built of stone and gray bricks, the Wall averages about 7.8 meters in height, 6.5 meters in width at its base, and 5.8 meters across the top. The sides are covered in stone, the top in layers of brick. The interior is a mixture of soil and rubble, which the workers took great pains to carefully tamp into place. In the sections that haven´t been restored, where the masonry has crumbled away, you can spy the patterns underneath. Running the length of the Great Wall are gateway arches and watchtowers that served as a highway through the mountains. Can you imagine what kind of skill, technique and determination it took to create something that has lasted this long? That´s so amazing.

After driving about 40 miles northwest of Beijing, we arrived at Badaling, which was the site of a major fort and also the place where most of the tourists and world leaders come.

When I got up and saw the Great Wall, it looked like a great stone creature that protected all of China. As the Wall goes up and down the green mountains and twists from side to side, it looks like a great dragon lying over the craggy slopes, draped with rainbow colors from all the thousands of people wearing a variety of differently colored summer outfits.

The weather was perfect—foggy with floating mist. Maybe the sun had gotten up late this morning. If there had been a hot, burning orb beating down on us, it would have been no fun to climb the Great Wall. Thank you, God of the Skies!

Dad had already climbed to the North Wall in 1986, so we started climbing the South Wall instead. Once we started, I felt grateful that we weren´t hiking at Xi Men Tai, northeast of Beijing, where you have to crawl up on all fours. That´s because even climbing up the steps at Badaling was hard! It´s wide enough for six horses riding abreast, but even so, all the tourists made it quite crowded. Sometimes, my hips hurt badly because of the steep angle. If you stood straight up, it was a lot harder. I was afraid going up the wall that my hips would crack, so I walked at a 45-degree angle. It wasn´t as fun as I thought it was going to be.

On the way up, we stopped at one of the first watchtowers and took pictures with a camel. It made me imagine how they could have used camels to bring in supplies when the Wall was first being constructed. After taking that picture, we got to a tower like the ones used in the Ming dynasty and then got to another tower. I took pictures with a horse, and as I sat on the saddle, I thought back centuries ago, when soldiers stood in this same post, gazing across the frontier, ready to fight to protect their homeland. We reached the end of a perilous journey, and hit a cul-de-sac where you couldn't go farther. Bummer! We didn't even walk two miles—and the Wall goes on for thousands of miles (or as the Chinese say, 10,000 Li). It seemed like nothing but a regular old hike to me, and I wished I could have gone farther.

A vendor's beautiful etched black stone Great Wall carving tempted us to buy it. We had an etching done with an electric drill that said all our names in Chinese along with the inscription "WE HAVE CLIMBED THE GREAT WALL" (Wo men deng shang le wan li chang cheng). I also bought a gold-plated medal with a rat on the front (my sister and I were born in the Year of the Rat). All these souvenirs were really valuable to me, because it was a historical moment: I had conquered the Great Wall.

We hiked back and went up and down tiredly a set of steep stairs, begging Dad to let us ride the trolley down before Dad quit arguing and let us on the trolley, where we slid down a curving track and made sharp, slippery and suspicious

turns as we tried to see the scenery that was rushing past. We got to our destination and walked about 30 minutes to Lao Yi Fu´s car. He was sleeping, leaning his chair back on my seat. We shook him, and he noisily jolted awake. I felt sorry for Lao Yi Fu. After working hard all week, he had to get up early to drive us out to Ba Da Ling, and now he was exhausted. I only hope that if he came to the U.S.A. that we could treat Lao Yi Fu as well as he treated us.

As Lao Yi Fu rapidly drove us to the Sacred Way, Daddy told us about the Ming Tombs. Of the 16 emperors who ruled China during the Ming dynasty, 13 are buried in a canyon at the southern foot of Tianshou Shan (hence the Chinese name Shi San Ling, the 13 Tombs). My dad had come to China before (way earlier than most Americans had), because he liked Chinese culture. He knows lots of stuff about China that I still don´t know.

Pretty soon we arrived at the entrance to the Ming Tombs, a long and celebrated Spirit Way (Shen Dao) is lined with statues of guardian animals and officials.

For us, the highlight was strolling among the statues of animals and generals. When we got in, we saw a big pathway with 12 pairs of statues next to a grassy field, with beautiful crisp green fields and willow trees hanging over each side. It looked like wind rippling through a carpet of pure grass, and it was a beautiful sight. A few female peasants were weeding out the wild grasses one by one with their hands. In the U.S., you never see that. They always use lawnmowers or use weed–killer to get rid of the wild grass. But seeing these women showed what a different result one gets when human beings do this kind of work.

The statues on the Sacred Way to the Ming Tombs included camels, elephants, horses, turtles and more, plus a dozen warriors, heroes and priests. I loved the expressions on their faces. The serious soldiers had their hair tied up in buns and wore straight tunics. The noble officers′ clothes were carved to perfection with the utmost detail of every sash and design. I enjoyed looking at the grinning creatures, and the beautiful horses that had manes and tails etched with such beauty of every curve and every ripple. I could not stop touching and petting the horse. I felt like if I hit the horse′s rump, it could rise up and run away. We could see why many people would be tempted to climb on them, even though that′s not allowed.

It reminded me of the 86–episode TV series on "The Romance of Three Kingdoms," especially when I saw the statues of the army officers and the officers from the emperor′s court, like Lv Bu, Zhao Yun, Zhou Yu and their warhorses, along with the courtiers Zhuge Liang and Pang Tong, and more.

There was a big huge gate far away in the distance at the end of the Sacred Way with a small shiny yellow-tiled roof. That was the entrance to the Ming Tombs.

Lao Yi Fu told us only three of the Ming Tombs—Ding Ling, Chang Ling, and Zhao Ling—have been fixed up the way they used to be—and excavations have been completed on only one—the Ding Ling. A lot of this stuff looks like the Ming palaces found in the city of Beijing.

Then we went to one of the major Ming Tomb attractions, the Underground Palace of Ding Ling. The emperor buried there ruled from 1573 to 1620, and was one of 13 emperors buried in the Ming Tombs. I was amazed to find that the floors were wet with groundwater. It was getting quite cold as we descended the stone steps to the palace. An occasional light was there, or it would be pitch black.

Before we left, we saw thrones and some emperors′ and empress′ coffins, and crystal-glazed chandeliers, and as we stepped over stone thresholds and looked up at the ceiling, there were carvings of men and lions perched over the door. Outdoors, we saw a big building that looked like something out of the Forbidden City.

On the highway back to Beijing we got a little lost, but managed to find the restaurant we were looking for. It was decorated with cacti, and had a river that I could hear its silent whishing around its banks. Its roof was totally glass, and it was held up by steel. Birds trilled, and fish glided through the water. What I thought was really cool was that the whole restaurant was on a bridge, and there were paths over the water. I felt that Beijing was a very prosperous and rich city, and that this restaurant was heaven.

The thing I enjoy about Chinese restaurants in the U.S. and China are the big tanks filled with crab, shrimp, fish and lobster. This seafood is fresh when kept in there, and it is so fun to look at fish gliding around and crabs scuttling over one on top of each other.

After eating a delicious dinner, we took to watching the performers on stage. Entertainment...yippee! Women played flutes and er–hu. There was Peking Opera, and it was lots of fun. We went home stuffed and happy with the taste of guo Bao Rou, or Sweet and Sour Pork still lingering in my mouth.

6/26/2005 Day 6

A Very Fair Day

Dahlia Lanhua Peterson

Our world is such a beautiful tapestry of countries and cultures! This came upon me after my lovely visit to World Park this afternoon. It was such a blissful moment that I can't keep it to myself; I'm more than happy to share it with all of you while the memory is still fresh in my mind.

"It is such a rainy morning and there isn't much else to do but shopping," my mom said to me as I dragged myself out of bed.

My first reaction was, "No, no, I hate shopping, even in America." I'd wanted to stay home and read a book, but there was nothing to read at my Lao Yi Fu's home. And then I thought, "Maybe they do need to do some shopping, because China is cheaper than it is back home, so we could save ourselves some money." But I still felt so bored. I guessed that shopping would have been a far shot better than staying at home, so I reluctantly agreed to tag along.

Lao Yi Fu drove us to Silk Street, which the Chinese call Xiu Shui Jie, a place designed mostly for dressy foreigners. I read in the tourists′ book that Silk Street was overrated. I was warning my parents not to be ripped off there.

The moment we set foot onto Silk Street, I immediately sensed trouble. "Hey! Come buy this shirt, only for 100 Renminbi!" a salesperson yelled.

"100 Renminbi!" my dad and I said in unison. We were shocked.

At every station–shop, there was a woman or a man who would say "Hallo, Hallo, Hallo! Come into my shop; buy something, only for 128 Renminbi! Sir!..." And then, someone yelled: "Come back, come back for this stuff for 80 Renminbi if you really want to buy it!" Come buy this! Come buy that! The noise came from all different directions. It made me feel very uncomfortable. They always pointed out some overrated stuff to us, even though we were not interested in it at all. (I′ve never seen anything like that happen in the U.S..)

To make matters worse, someone would say, "Oh look at those twins!" Then later, another person would squeal, "Twins! Twins are so adorable." Later, other people started yelling too: "Foreign twins! ... Hey, in my whole life I′ve never seen such cute twins...they look like dolls!" (Yang Wa Wa)

There were even fancily dressed ladies who followed us! I felt the whole scene was very uncivilized. While traveling in China and other places it always happened—someone would look at us and would want to take pictures with us. We felt okay most of those times because they were very friendly and polite. Here things were awkward and I didn´t know why.

Finally my dad bought Chairman Mao and Peking Opera shirts. At another station, Dad got a couple of famous "Tommy Bahama" shirts. Lao Yi Fu bargained the salesman down to a reasonable price and dad was satisfied.

We went to a department store across the street, where dad bought some high quality loafers for a lot of money. I thought we´d run out of cash, but we managed to buy some beautiful rugs that were 58 Yuan each. My rug was pale green, with tassels with a vanilla colored setting of grapes, berries and beautiful fruit. Meihua´s rug had dark blue fuzzy tassels and a dark blue and vanilla colored background, showing fiery red and orange tulips. I was delighted! I decided right then that when I got home to America, I would put the rug in front of my bed. Well, at least that made my morning.

At McDonald´s, we each had a small burger for lunch. It wasn´t a Happy Meal, so we couldn´t get cool wristbands. (My parents didn´t treat us to hamburgers often; they think it´s junk food.). A nice Chinese guy next to us had two wristbands, and I guess he thought we were cute, so he just gave them to us. We felt lucky—nearby there were many other children who didn't have one. We expressed our many thanks before taking them.

After we went to McDonald's, mom and dad went shopping for tea. While we waited in the car with Lao Yi Fu, he fell asleep listening to the boring international English-language radio station, which he had been playing for us.

It had rained for a good part of the day. To our amazement, when mom and dad returned from their tea shopping, the rain finally stopped. The clouds scattered to reveal a pure blue sky, and the bright yellow Beijing sun shone down onto the ground once again. Suddenly, Lao Yi Fu offered to take us to World Park, a place full of famous landmarks from all over the globe. We began to jump with joy. You couldn't imagine how excited we were. We had known of this place all along, and would have gone there earlier if not for the lousy weather.

We arrived at World Park and went inside with Lao Yi Fu. A withered Asian elephant stood pacing about the entrance. He had a golden saddle, on which the character "fu" (happiness) had been painted in red. The elephant also wore a round, golden hat with yellow beads and tinkling bells attached to the edges.

It was picture time. After my mom paid, I was the first on

board; the helpers lifted me up and the elephant´s trunk immediately pulled me into a sticky embrace. Bristles stung my stomach. In my life that was the first time that I´d ever been that close to an elephant. I always thought you could never get that close or touch them at all. The elephant´s breath was so stinky it choked me. The first photo was taken with all four legs on the ground, with the elephant holding me up with his nose way up high. I felt very ticklish, but it was so thrilling.

Then, the cruel assistant hit the elephant´s leg with a sharp hook... Immediately, the elephant backed up, sat on the edge of the fountain and raised his front legs...oh, boy! I felt like I was raised two or three stories off the ground, and I screamed in terror the whole time, feeling as if my heart were in my mouth. I was worried that if the elephant´s nose unraveled, or if he was careless and it wasn´t tight enough, I would fall to my death. I was so scared at that moment, before the huge creature gently put me down. I was very relieved after I was done. That daunting moment was very valuable and exciting. It actually ended up being a wonderful experience! It´s not easy to find this type of fun in the U.S., because it would be considered a potential hazard or lawsuit. No one could handle that kind of danger. I bet that my grandparents wouldn´t let me do it, either. They are very conservative.

We left the elephant behind us and kept walking. Entering the gate, we saw a life-size Italian terrace garden with big wide marble stone steps, and fountains that had carvings of flowers. The place was full of European romanticism. We strolled along, looking at marble statues of Adam or Eve, or some other ancient naked people. Luckily, a stone oak leaf covered Adam's private parts.

We walked and sat on the edge of a water fountain and watched a pair of dragonflies. They had big heads and silver glittery wings with green and gold bodies. "Meihua, the two dragonflies are stuck together, I think they are mating!" I said. She swerved her head around really fast and I saw Meihua's glasses go flying off her face!

"Oh no!" she cried. "My glasses fell in the water!"

I immediately tried to reach my hand as deep as I could, but it was a long way to the bottom. My mom took off her socks immediately; she wanted to jump in, but it was too deep. My daddy was somewhere else, taking pictures. I was so scared that the flowing water would sweep away my sister's glasses.

Lao Yi Fu went to get a rake-like tool from a gardener, and then used the rake to search the water for the glasses. He scooped, and scooped, and on the eleventh try, Meihua's glasses clung to the edge. A black frame stuck out, then a lens. "My glasses!" screamed Meihua with delight. Meihua and

I rushed over to give Lao Yi Fu a big hug with appreciation.

I also liked a European statue called the "Urine Boy." He's so cute looking with a naive smile. He had lots of water coming from a hole in his body (I just do not want to write that word at all). The Urine Boy came from Belgium. They were having a big celebration in the middle of the town square because they had driven away their enemy. But there was one enemy soldier who was underground. The bad soldier had put a huge bomb in the basement of the official government building. He dragged the fuse into the yard outside, then lit the fuse and ran away. At that moment, a small boy named William ran into the yard to play. He saw the fuse burning, and realized what had happened. There was no one around, and the time was urgent. There was no water around, either. Then, smart William pulled down his pants and put out the flame by urinating over it. Everybody was saved, and since he was a hero, they built a statue in honor of William. (I learned this story in my Chinese school back home).

After admiring Urine Boy, we dwelled among famous European cathedrals. Then we wandered next to an exotic building from Thailand that was a pure golden-colored, red-roofed temple, shrouded by olive branches and drooping willows. The temple shone brilliantly in the sunshine. If I were an artist, I would have grabbed my brushes and painted it right away. This was a scene painted in poetry. I enjoyed it a lot. My dad had been there, he said it was a very close to the original, only smaller.

Then we passed by a section devoted to landmarks from America, like the Statue of Liberty and the Twin Towers, which brought back very sad memories of 9/11 for my Dad. (I still remember that day he was yelling in front of the TV with tears in his eyes as the towers collapsed, saying he wanted to kill Osama bin Laden. After a few weeks he was so upset that he still couldn´t really smile). Anyway, we wanted to save time, so we didn´t get a detailed view of the American section, because we´ve visited most of these places in the U.S.A..

We kept on walking and saw the Leaning Tower of Pisa. They had a reproduction of Neuschwanstein, a famous German castle just like the one in Disneyland. Dad made sure to take a picture of us in front of the ancient English monument of Stonehenge and had us wander among the stones, because the real Stonehenge is fenced off. My dad told me we are going to see that next year.

I took lots of funny pictures of my dad & mom standing in front of buildings; for example: like the Egyptian pyramids, the Eiffel Tower, the Parthenon of Greece, the Taj Mahal of India and the imperial park of Japan... All of them looked the same as the places mom and dad had seen more than ten years ago, when they had traveled around the world.

But my mom and dad have never seen Red Square, or Easter Island. There was a temple in Indonesia that my dad found amazing. He couldn't stop looking at it, and said he wanted to visit it one day. He loves traveling.

The park covers an area about 47 hectares. The layout is modeled after the five continents: Asia, Africa, Europe, America and Latin America. It would have been impossible for us to finish the park in one afternoon. I hope one day I'll be back again with a longer time to visit.

When we walked out the gate, it was getting dark. I felt so lucky and I had gone so many countries without leaving Beijing. I blew a kiss to World Park and said Bye, Bye! I gently reminded myself, "Don't forget to come here again."

All in all, I loved today. We went to the same restaurant (Nan Guo Shui Xiang) as we had the day before. The second time I came back I felt that dining at this restaurant was like eating at home. The service was great; they still remembered us. When I went to the restroom, I saw all the pictures the owner had taken with movie stars and famous singers, and articles from all types of different newspapers. The owner is from Hong Kong, and it seems he likes celebrities.

After we ate a delicious dinner, we found out that they were holding a painting auction. The hostess onstage was very pretty with a slender body. Chinese music played very softly, which put everyone in a happy, relaxed mood. There were a couple of beautiful young girls wearing fancy red robes (Chinese traditional clothes called Qi Pao). They held up a huge painting that they would show to the audience. The price usually started at 100 Yuan and whoever liked to bid was able to add 10 Yuan each time. Suddenly, they held up one that showed a meihua draped with snow. My parents called out the final bid at 180 RMB. We got it!

We were so happy. It was a joy to see the painting of "meihuas in winter," with snow gently falling on white-and-pink blossoms. There were orange pollen holders, and brown bark that twisted and turned. The meihuas seemed alive. My mom said that meihuas in winter are very durable. Despite the icy, bitter, howling cold, the flowers stand proudly out in the raging snow; it's very special. I think my sister's personality is just like her Chinese name. She never gives up; she pursues her goal with strength and toughness. My parents bought it just for her. I was a little upset and jealous. Mom saw this and promised that if she saw a poster of Lanhua anywhere, she would get it. I felt much better. Life is wonderful!

It was a nice ending to the day, and a lot better than what I expected when I first woke up.

So, generally speaking it was a fair day for everybody.

6/27/2005 Day 7
Rainy Guilin

Lilac Meihua Peterson

It was a very smooth process to get on the right airplane. The breakfast service was yummy! I didn´t want the Chinese food, since I was still missing Western food. After I ate I played international chess with Lanhua, because that is one of my favorite games.

As the plane descended to our rainy destination, Guilin´s dense olive-green trees danced around, while the mountains seemed to be alive. The peasants happily worked around the field while the white clucking chicks and chickens fluttered their short stubby wings. Oxen tossed their heads and their tails swung as they worked vigorously in the fields. The limestone-colored mountains and the trees stood like they were so proud to be in such a beautiful land.

Pretty soon, we landed bumpily in Guilin. We heard that it had been raining for four days! Oh wow!

A man named Mr. Fang shook hands with my mom and dad. He said, "I recognized you easily because of the twins." (He had never seen my mom before.) He was helping us because his friend was a friend of my mom's in America; still, he greeted us warmly. His driver was a chubby, young cheery guy with blocky eyebrows, who always smiled kindly when he looked at us.

Outside it was drizzling, and the flowers, grasses, and trees looked like they were very happy to absorb the water. Everywhere I looked, Guilin was very green and quite different from Beijing. Guilin was charming and mysterious under the rain and fog. All of the plants were a tender green, and it was very special and different from anywhere else in China.

The car pointed towards our destination—the Guilin Hotel. When we got there, a quiet doorman with a light green and gold-tasseled uniform took up our luggage on the elevator to our room. We took a brief rest.

We came downstairs soon after and Mr. Fang and his driver took us to a beautiful cave called Reed Flute Cave (Ludi Yan Gongyuan), and then dropped us off near the entrance. Ludi Yan Gongyuan is one of the most famous caves in the world. We had heard a lot about this place and Guilin itself, and how Guilin's mountains and rivers were the most beautiful in the world. Even our former president Bill Clinton loved Guilin when he visited.

Reed Flute Cave, an enormous cavern filled with elaborate rock formations, was formed nearly 1 million years ago. To control the flow of people through the cave, there was a 500-meter-long paved trail with garish neon lights, at times making the cave appear more like a Hollywood stage set than anything else. Naturally, the cave sparkled with beauty.

As we entered, a green neon sign said, "Sunrise over the lion's green jungle." It was one of many signs that used metaphors (or ni ren in Chinese) to describe what we were seeing. The stalactites were described in terms of humans or animals, like old men resting under towering trees and talking with a few friends while drinking tea. There were rocks in the shape of big puffy mushrooms, long pointy carrots, oval-shaped eggplants, round Chinese cabbages, and winter melon (in Chinese, called dong gua). That was just the beginning. There was more "food" along the way including pumpkins, watermelons, bananas, peaches, and apples, enough for a Chinese banquet. After the tour guide explained everything and pointed out stalactites to everyone, it all seemed to unfold before me and make sense.

The dark enveloped us in a shivering embrace, and I was chilled to the bone, which amazed me. Sometimes there were vast pools of water lit dimly by the colored lights, resembling a fantasy world with all the stalactites reflected on the surface. When I stuck my hand into the icy cold calcium water, it didn´t go very far before it reached the bottom.

In Reed Flute Cave, the path in the cave was tortuous and very hard to walk on, and the constant dripping of the water from stalactites made loud echoes on the cave floor while the shuffling of feet passed by. (Hey, I mean, it´s more than a million years old and it is still alive and growing!) I saw one group of huge stalactites, and our guide explained: "The groups in those rows are watching the performers, on the stage." It looked real, like the home of fairies.

The shining of colorful lights brightened my spirits, and I was coaxed to move on, despite the cold. At one point, the tour lady started to sing, and her sweet, heartening voice seemed to bring a warming touch that I even didn´t totally understand.

After we left Reed Flute Cave, Mr. Fang treated us to a delicious lunch. We ate at a famous noodle restaurant that was nothing fancy, but an old shack, and the noodles were great! There were all sorts of sauces and spices that you could put in, and you could choose thin or thick noodles! When the hot bowl of noodle soup came, I tried to move the appetizing dish closer to me, but somehow that big bowl grew legs and ran away—it fell heavily down to the ground and broke into a hundred pieces, leaving the noodles oozing out and water splashed all over the floor. I felt so embarrassed and I said to Mr. Fang: "I am so sorry." But kindhearted Mr. Fang said, "Don't worry, I'll buy other one for you right away. Did you get burnt, are you OK?" I said: "Thank you very much, I am OK."

When a new, big bowl of noodle soup was put before me, my appetite grew as big as a monster's, and I gobbled everything down. It was a very local restaurant, just for common people, but my daddy loved it. He told me Mr. Fang is a very kind and unpretentious guy, and did a great thing by taking us to a place where the local folks eat, instead of some fancy restaurant. I think so, too.

After sending us back to the hotel, Mr. Fang left four umbrellas for us and said that he would pick us up at 8 p.m. When we got back to our room, my mom was too tired and took a nap. I was in no mood to write my diary right then. So Lanhua, Dad and I walked out in the light rain. I totally regretted not wearing my waterproof shoes; my Chinese shoes bought from Beijing were soaked to the sock and skin from puddles of rain.

I walked with Dad and Dahlia as we crossed great pure white marble stone arched bridges and looked down to see the beautiful blue sky reflected in the lake with all the different-shaped clouds. As I looked in the water, I saw a dragon-shaped cloud that slowly transformed into a lion. We crossed another bridge, and saw tons of little gray fish with tiny mouths opening and closing, as if they were trying to say hello to us, or maybe they just wanted some food. I felt sorry for them; I had no food to give.

The water was very clean, and you could see all the way to the bottom. Both sides of the lake were lined with green willows swaying crisply in the breeze. It was so beautiful, I really wanted to jump in swimming and play with the fish; that would have been lots of fun. My dad said: "Absolutely not, that's illegal." So I said goodbye to the cute fish, and we crossed the bridge.

Right ahead, there was a path leading right to a little red wood tea house, which was filled with the sound of laughter and clinking tea cups. The happiness was contagious. When we walked in close to see, I could hear a comedy routine being performed inside. Oh! How I wished dearly to be in that cute little area, shrouded by bonsais, drinking a cup of tea and laughing with the others. I don't think my dad understood. It was too bad that we had to walk away.

That evening, we went downstairs to the hotel restaurant, Sunshine City. We ate exotic meats (since this is southern

China) that I called crazy food. In my whole life I had never seen anything like it, and my dad hadn't seen it either. It was a very fancy restaurant with flamboyant decor. It was like a bar and buffet. All of the waiters walked around wearing the Marlboro man style cowboy hats, Hawaiian pink-and-yellow flowered shirts, and big baggy light green pants tied down at the ankles. It seemed extremely unusual to me. They also held long, skinny sharp knives to slide meat off their skewers. There were pieces of different types of meat, such as camel (which I just nibbled—it tasted sweet, but yucky), horse, donkey, lamb, whole little roasted pig, beef, rabbit, duck and chicken... They even had dog. Then dad and mom ate stuff we turned down, such as shrimp, chicken stomach, chicken feet, squid tentacles, and frog. The waiters just walked around to serve you as much as you wanted. That was a very interesting experience. But to be honest with you, I don't know if I actually ate all that much. I was too busy dealing with the waiters as they said "Try this, try that, try something else..."

That night, Mr. Fang took us to the boat station. We boarded a moderately-sized boat on the Four Lakes. We were supposed to visit two other rivers, Li River (Li Jiang) and Peach Blossom River (Tao Hua Jiang). But there had been a few days of rain, and the river had flooded terribly. We started from Sha Hu, (Sha Lake) where the Sun Tower sparkled gold and red, and the Moon Tower was silvery white and pearly. The Sun Tower is about 42 meters tall and it's the highest copper tower in China.

The first bridge we passed was Yang Qiao, made from pure snow white jade (Han Bai Yu). When the boat passed under the bridge, I saw that the bottom of the bridge was full of carved pictures. And then we passed Glass Bridge, (Bo Li Qiao) but I immediately started calling it the Crystal Bridge. It was very shiny and transparent. The guide said a lot of young couples marry and get their pictures taken here because it was a symbol of true love. I never had seen a crystal bridge in my life. It looked like it was made from the tears of the moon and shaped into a diamond ring, a delicate work floating lightly atop the lake surface.

The boat glided serenely into Rong Hu (Rong Lake). Under the soft moonlight, the lake glittered and shimmered. There was a big Rong tree that was a thousand years old, and I gave it a salute as we went past. I couldn't even imagine how much history that tree had witnessed, or how that much time had passed by. We passed Gu Rong Shuang Qiao (Gu Rong Twin Bridge), and like the first bridge we passed, it was made from Han bai yu. We had walked there during the afternoon, and saw that it was a double bridge with cars going in different directions. We went under many bridges and the lights showed all the faces and other designs underneath. The boat moved silently under the bridges, leaving me with a feeling of tranquility.

There was also a waterfall pouring down and we saw the familiar little teahouse again, and it was still filled with the sound of tea and laughter. There were beautiful views of all kinds of paintings, like pictures of kids going to school and ancient women dancing with poofy, long dresses... It was a very relaxing and peaceful night with the boat on the water, flowing, flowing... as we enjoyed being exposed to another country's customs and traditions.

The lights of the boat swarmed like millions of fireflies with beautiful soft music. It looked like Heaven had moved to Guilin. And then we saw a performing group of female musicians wearing traditional clothes, playing ancient instruments such as the Er Hu as they sang and danced on a waterfront porch. I was feeling that I was a fairy in the heavens swinging, swinging, laughing, and laughing...

6/28/2005 Day 8
Green Guilin

Dahlia Lanhua Peterson

It was a very beautiful morning; the sun came up with smiles. It was peaceful and quiet. After a nice breakfast and a smooth car ride, we arrived at Folded Peak Mountain (Die Cai Shan). We had just got in the entrance when two girls wearing gorgeous traditional Guilin costume dresses tempted us to take a picture. I thought they looked pretty, and asked my mom, and she said OK. We posed for photos in lovely, flamboyant native costumes. I wore an aqua-blue dress with golden colored flakes attached to it and a hat bordered with snow-white fur and decorated with little beads and trinkets. Meihua wore a fresh pink dress in the same style as mine.

It was time to hike. We went up a circling path, and I bet it had more than two hundred steps. When we got to the top, you could see all of Guilin. What a fantastic place! There was a spot that seemed like an eagle's perch, where we tried to take a picture, but a local "professional" photographer had taken over the best spot. Nearby, we could see a soaring hilltop across the river. Off in the distance, we could see the mountain peaks, like bent-over giants in the mist. It was fascinating, and mysterious. We descended the hill, and I learned that Guilin's green is different than anywhere I have been. It is so charming. From far away I could see shades of forest-green, closer to me the shades turned to light-green, while streaks of tender green could be seen on the ground with lots of different flowers around the mountain. People say that Hawaii is the flower of the ocean, but I think Guilin is better than Hawaii.

After coming down from the hill, we wandered around. As I walked up some steps to rest in a pagoda, I saw a Natural Science Store that was showing the bodies of preserved insects. Since the air was getting humid and incredibly stuffy, and I felt like I couldn't breathe, we went inside. I saw huge monarchs, blue morphos, beetles in amber and others. Meihua and I each bought a necklace with a preserved creature inside. Mine had a green-backed beetle and Meihua's had a little red baby crab in it. When we first went in a cave, the necklace glowed gloomily like a June moon, almost enough to light our way in the dark. I was very happy with my choice.

It was now time to go to the mountain Fubo Shan. We first

saw the cauldron that could hold enough soup to feed 1,000 people! It had inscriptions on it that had like wan (ten thousand) and fu (happiness). It had great big brass handles. After that, we walked around the bottom of the mountain. It had been raining so much that some of the pathways and stairways were completely submerged. All you could see was a hand railing poking hopefully above the surface of the water.

We then had a big hike up the mountain, and climbing the one- to two-foot-tall steps grew tiring. Several flights of stairs passed, and I didn't concentrate on the pain in my legs, but the view. There were all kinds of different colored trees that grew by the steps—olive green, dense green, turquoise green, oily green, crisp green and other colors I couldn't even name! A misty fog enveloped us. Wildflowers and grasses dripping with jade droplets of dew accompanied our journey. We couldn't stop looking at the view. Sometimes, we would catch bugs and butterflies, and sometimes we would look at beautiful flowers and run in the wet blades of grass...

Pretty soon I was at the top. We could see the layers of mountains and folded green peaks all together, wrapped in a emerald blanket of greenery. Not far away stood another mountain peak soaring up in the middle of the city. The Li River's (Li Jiang) rapids churned, the travel boats, little one-person boats, and the bamboo rafts on the river slowly moved

amid the green mountains that bordered and surrounded us. There was once a famous Chinese person, Mr. Chen Yi, who said that he´d rather live in Guilin than in heaven—and after seeing the view from Fubo Shan, I can understand why.

Back down on the bottom, my dad saw a vendor selling a flute (Hu Lu Si) that allowed you to play two notes at once. It sounded like a bird call, and its soft hooting could melt you into the green mountains and the clear waters of Guilin. Its sound was the closest to nature I had ever heard. My dad figured he could get it cheaper somewhere else, but he walked everywhere, and he couldn´t find it, and really regretted not getting the flute when he had the chance.

Weak with exhaustion, we hitched a taxi to the Seven Star Rock Scenic Area, and our taxi driver was so annoying! She urged us to go here and there, and she nagged about everything, so I guess foreigners get a lot of tourist attention! We finally got her to just go to the Seven Star Rock Park.

We went to a peacock area, where colorful and huge kites lay on the edge of a vast, crisp green lawn. There were ones shaped like great eagles, and multi-colored butterflies. Sometimes I would walk with the big flock of peacocks on the beautiful pure crispy lawn, and when they were following you, it felt like I was part of their group, and that I was marching with them.

The birds freely roamed about the grassland, and since I love to chase animals, Meihua and I ran after the most handsome male peacock. We called him the leader, and we chased him and his peacock tribe. As we did, he would always call out with this squawking sound, and we imitated him with goofy smiles. We had so much fun until the shepherd, who was an old lady with a cane, crabbily said: "Go! Go! Go away!" and shoved us heavily aside. I thought she had the right to do that, and that it was our fault because we were so excited that we lost control and didn´t see the sign, and I felt so sorry about what I did so we called out loudly to the old lady: "We´re so sorry, we are very sorry!"

After that, we skipped all the way to the zoo. There, a lazy old tiger was sleeping and yawned as he woke up. We hated seeing tigers up so close, especially when it came to taking pictures inside the cage by the tiger. Just then the master hit him with a metal stick, and the tiger awoke and roared furiously. Yikes! I remember when I was 5 years old and took a picture next to a big tiger, and my mom regretted it from that day until now, for she was scared that our heads would be bitten off by the tiger any time, even when the tiger was happy. I learned my lesson, and I won´t do it again.

About twenty monkeys jumped out of the trees, and started to follow us. I was guessing that they might have wanted food from us. I have read books that say hungry monkeys can give you a lot of trouble. I started to feel scared, and I remembered when I was younger I was in a Mexican zoo and that a hungry monkey in a cage grabbed my silk dress and ripped part of it to shreds, and snatched my banana and pinched my arm really hard. We saw a monkey mother with a little baby that was carried around by hanging from her stomach, and they even posed for a picture! They playfully swung around the branches and snatched fruits as they were passing by them. They were nice, and didn′t give us any troubles.

We took pictures with live peacocks on chairs; and amazingly, the four peacocks didn′t move or fly at all, they just looked like statues. I was guessing they had been trained well.

I kept walking and saw a little monkey that was very, very cute. He wore a small red cap and Hou Ge′s clothes, and in his hand he held a Jin Gu Bang (a magical gold stick that can grow to a thousand pounds and shrink to a needle that fits in an ear). He was so like Sun Wukong, the legendary monkey, that I immediately held him tight to my chest. The monkey′s owner came out, and my mom had to pay money so I could hold him a little longer, and Meihua came over and ripped the monkey from my grasp, which made me mad. And then we took pictures with little Hou Ge. He wrestled with me, trying to take my beetle necklace. The crowd of people stood around laughing at Hou Ge and amusing themselves. When I held him he was very heavy. I especially liked him, and if I could have taken him with me, it would have been great.

We met up with a rock with a plaque reading, "Bill Clinton made a speech here on July 2, 1998." We took several pictures, and there were many beautiful flowers, and it was modern but attractive. There were many different shaped mountains there, but the most important one was shaped like a camel that was framed against the shining blue sky. It turned from cloudy to brilliant blue while an endless stream of tourists (almost all of them Chinese) with different colored clothes posed for pictures.

We then got to the real Seven Star Cave. Although we didn't know it, we had just missed the previous tour guide. When we saw the sign that said, "Keep lights on, follow your tour guide," we knew we had to catch up soon. We heard the megaphone, ran for our lives and caught up. It was different from Reed Flute Cave, with different shapes and sizes, though they pretty much had the same things. There was the Great Wall, which actually was naturally like a crawling dragon and had arrow-shooting holes.

There was also a huge stone Peach of Long Life. It was round shaped and the red and green lights shone on the stalactite, and its crisp green, dripping leaves and round, crimson body looked so appetizing, I wish I could just take a huge bite out of that peach. We walked back through lush greenery, and before I knew it, we were exiting and taking a taxi to Elephant Trunk Park. Daddy told me that Elephant Trunk Park was named after a finger of land that goes down to the water that is shaped like an elephant trunk. The main entrance was blocked because the Li River still was flooded, so we went to the other entrance.

When we got to the entrance that was open, we saw big air-puffed elephants. We found a pathway by them, and found a small entrance that was a pathway. We walked painfully up the mountain until we reached an old brick pagoda. Wow! There was moss climbing up the walls. We circled around and around, and enjoyed the view in peace, (nobody was around there) and went down the descending path. Near the corner were four young men, two of them wearing nice leather loafers, while the other two were really tough looking. They walked up the path we had come from, their eyes darting around very fast, as they talked to each other in a language we did not understand. Mom told us to be careful, because Mr. Fang had told her that morning that there was a group of teenagers around Guilin who were pickpockets targeting tourists. I felt scared, thinking they might hurt us. As soon as possible, we ran down the hill to find a place where were more people.

We journeyed through one cave, and a clap of thunder told us a big storm was coming. We saw men on bamboo rafts giving people rides and men cleaning junk from the river. We climbed back down and smelled the inside of a teapot–looking winery inside of a mountain that attracted us over. The entrance was barred, and so we pressed our noses against the door and not knowing how horrible its odor was, we took a few long whiffs of wine, old aged wine in a hollow mountain... Boy! That wine sure smelled weird. Mom said it was the world–famous Mao Tai Jiu, and that it was served to President Nixon when he came to China.

Back at the hotel, I was in a grand, pleasant mood, because vacation is life´s best thing to behold, and it´s my favorite thing to do. It had been such a fun day, and I couldn´t wait until tomorrow. It would be another wonderful day.

6/29/2005 Day 9
Dancing with the Mountains and Li River

Lilac Meihua Peterson

Today, we were going to Yangshuo by boat. Yahoo!

The Golden Dragon Limited van took us to the Yang Hang #06-3. The boat looked brand new, with blue and white colors and a five-star red flag at the front flying high in the breeze. When I walked inside the cabin, everything was very fancy and clean, and our leather seats were puffy and comfy. I went out on the deck and let the cold breezes whip me, and it was cool and refreshing. I looked far away; there was another mysterious and fun place that we would explore...

HONK! HONK! The black horn let out an ugly blast and the boat slowly started to move forward. Beautiful Guilin fell behind us as we rode happily on the jade ribbon of water. We rode past the mountains, with the greenery leaping, dancing and waving, alive in the breeze. It was a wonderful day, with an aqua–blue sky that was crystal clear. The sun often bowed its fiery head and ducked into the silver–white clouds. The green–aqua water swished with occasional rapids.

It was relaxing as we chugged past ducks, water buffalo and tree–covered mountains. All was peaceful until those bamboo rafts glided up and stuck to our boat. Then the peacefulness and happiness started to wither.

These were vendors who called out endlessly, "Hello! Hello! Hello! ..."

They were waving jade items, brass pots and wooden carvings of men with long beards and peasant hats. They also had some purple–and–pink crystals that were big and spiky on all sides and radiated their beauty in the blazing sun.

Though those boating men obviously had good skill, I felt quite bad for them, for struggling with such a hard life must be very dangerous.

I wanted to buy the purple crystal, and mom said it was too heavy to carry. The salesmen keep yelling and wouldn't give up, and my mom really pitied them. Finally, my mom said, "Please, let me look at that purple one" but after she looked at it, she thought it was glass! I thought this was nonsense. I wanted the purple–colored one badly, but Lanhua wanted one too. Finally the yelling stopped, and mom opened her purse and gave them 50 RMB, after bargaining for a while. The merchants happily rowed their bamboo raft up the Li River in search of another boat. I was so jubilant I kissed the beautiful crystal on its left and right. I felt like I got a big treasure.

Lunch on the boat was a treat. I had tender and delicious su ji, fried-chilled chicken, sauteed bean sprouts and some side dishes like chow mein, peanuts and rice. That left me stuffed and ready to look for more bamboo rafts, but there were none.

As we traveled under sunny skies, I saw "Wang Fu Stone." It got that name because it looks like a woman carrying her baby and hoping for her husband's return (this was what the boat guide explained to us).

We saw the reflection of a multi-colored group of mountains, and the shades of the cliff mirrored on the river; it seemed like our boat was riding on the top of the mountain. The mountain peaks changed shapes as the boat moved down the river. Something that looked like a camel from one angle looked like an old man from a different angle. Some of the peaks had exotic names, like Five Finger Hill.

By the way, Five Finger Hill made my mom really excited, since she had always loved the song about it. Now she began singing to me, Wo ai wu zhi shan, Wo ai wan quan he...(I love Five Finger Mountain, I love Wan Quan River). She had been so emotional about this song when she was living in

China. It gave me a special feeling to hear such a lovely tune as we traveled between the mountain and the water.

Sometimes we saw people working along the shoreline, like a peasant who was tending to water buffalo or a flock of ducks. My daddy kept busy finding wonderful views for pictures. He kept on saying that the view was like a fairyland and it was gorgeous, great, fascinating and fantastic.

After one more hour on the boat, the dock at Yangshuo came into clear view. We docked happily. We got off the boat and saw a city dotted everywhere with tall, wavy forest-green mountains that towered over us. We got to the place we were staying for the night, the Jian Guo Holiday Hotel. The hotel looked like something out of the Summer Palace. The entrance was built in a temple style. We lived on the seventh floor, with a spectacular view of the Li Jiang's calm waters as they gently curved around a bend in the river.

We dropped off our stuff and Mr. Fang gave us a quick lift to the bicycle station, where we rented a pair of tandems. At first, it seemed like it would be hard. Although my mom had spent many years riding a bicycle in China, my dad had only ridden twice in the past 25 years, and we had scarcely ridden at all. But soon, we figured out it would be quite easy to do. We even hired a peasant woman to take us on a tour. We reluctantly agreed, but once we set off, we were glad we did.

It was only 10 RMB! I was absolutely shocked. We began the tour, going past beautifully-shaped mountain peaks and shimmering rice paddies. As the rear cyclist, it was fun to do so many things to give the front lead bicyclist energy. When they were tired, we could stretch our super-cramped legs. But when huge tour buses came by us and honked their horns, it really scared me because our family isn't experienced with bicycle riding.

Bumping along the unpaved road, we hit the Big Banyan Tree scenic spot. The old tree was over 1,500 years old! The big forest-green leaves spread out across the open air, and from far away it looked like a piece of broccoli, except the "broccoli tree" was more than half a hectare across. After we approached on foot, we looked inside. Huge branches and knotty trunk vines greeted us. The tree had sprouted several branch supporters that were growing out of the branches and drooping to the ground, where the roots went down from the supporters and collected water. We walked around the Banyan Tree because, according to superstition, if you walked around the tree, you could live to be 99.

When we returned, the peasant-guide was waiting, and she unlocked our bikes and we were off to Moon Hill. Dad said it would be a long hike. Uh oh! I hoped it wouldn't be harder than the Great Wall!

Unfortunately, it was.

We got to the Moon Hill entrance, and began the long way up the mountain. A few old ladies selling water followed us. "AAROOO!" Something that sounded like a human howl rose from above. We went up the trail and caught up with the source of "the psycho human howl." It was the father of an English family who said he couldn´t let the old ladies disturb him, so he had taken off his shirt and ran towards them howling "I LOVEEEE YOUUU!" (He wanted to make himself look insane because his wife and daughter urged him to). We continued climbing up steep steps. The old women (one of whom was nearly in her 70s) kept following us to the top.

"There´s just ten more minutes until we get to the top," my dad said, but it was already enough for me. I was being humiliated by the jaws of torture. About an hour had passed since the beginning of the hike, and we had gone about nearly the whole way. Finally, a dome—shaped rock appeared, with a gap resembling a crescent–shaped moon. I had a surge of energy because I saw the top, and went shooting up like a rocket. An arch of stalactites dripped above me, and the dripping water made my body miserable. Mom bought some bottles of water from the old women (as she had promised). Then mom and dad forced us to climb even more of the mountain. Mom ordered me to hike farther up to a viewpoint to take pictures, and I had to obey. The green landscape stretched off into the distance like a huge jade–colored birthday cake sitting under a perfect blue sky. A few colorful hot–air balloons floated above the shining green valley. The view was great, but it really hurt to walk! Fortunately, we didn´t go to the very top of Moon Hill, which was still more than a hundred big and uneven steps up to the top of the archway. Ow!

We were gliding down before you knew it, and bicycling to the country road to see how the peasants lived and worked. On the country road, we saw a man´s ribs totally showing, and his stomach was so thin. Bump! Bump! Ouch! We saw oxen and ramshackle huts as dogs and children ran around. Little boys whipped oxen and ran around laughing with them. The crispy and oily green rice stalks grew with the ambition of growing tall for people to harvest its rice.

We finally got to a good asphalt road and started smoothly pedaling to the city.

6/30/2005 Day 10
A Day of Happiness

Dahlia Lanhua Peterson

It was a soft cloudy morning. We were planning to just go straight back to Guilin at 11 a.m., after a relaxing morning of window-shopping on Xi Jie, the main shopping street of Yangshuo. But when we went to the DVD store, we were surprised to find the four Chinese people who had traveled with us from Guilin city to the Guilin boat station aboard the Golden Dragon Limited van. They told us that our pickup time to head back to Guilin had been rescheduled to 1 p.m. and suggested that we take a bamboo raft trip on the rivers flowing amid the Yangshuo peaks. They had just finished the excursion, and one man said it had been a very fun and wonderful experience, and that it was like nothing you could find anywhere else.

We got outside and found the tour guide to the raft trip, and before you knew it, the tour had begun. They drove us down the same countryside roads that we had driven along the day before. The tour van didn't have shock absorbers; so the ride was quite bumpy. Then we arrived down by the river's edge, where the bamboo rafts were. They were a dry brown color and used 10 to 12 big stalks of bamboo that were several inches thick (about the width of my hand), and the trunks were tightly lashed together by strings. Each of them was topped with a colorful umbrella. The river was very peaceful and clean with special curved bamboo lining the river banks. These types of bamboo could only be found exclusively in Yangshuo.

The pilots arrived, stepped upon their boats, and started rowing. They used long bamboo poles (about three to four meters long) and plowed as far down as they could into the water. They then pushed along to send the boat forward, and then they lifted up the stick a few inches above the water, made a small arcing motion, plunged down and pushed again. We started chugging out, sitting back in our chairs as we watched the stroking rhythm of the bamboo poles pushing our raft down the river. Meihua and I were traveling on different rafts, and we often yelled at each other and joked around. We indeed had a very good time.

With the pilots' help, the smooth currents carried us downstream. Soon I heard roaring water and saw white foam in the distance. After a few minutes, we spotted a huge line of rocks that broke the smoothness of the water with a crunching, cracking sound. It was a small rapid. Crunch! Craaack! It felt like I was riding down a slide. We hit at least five rapids in the entire duration of the trip, then smoothly continued gliding. At each rapid, the pilot slid the pole over the rocks, which was the best he could do to prevent the boat from plunging too deep into the water. The front of the boat always pointed up into the air, and then nosed its way back down into the river, which sprayed us with water up to our knees. That was one of my favorite parts of the ride, since I love to play with water.

We saw a man who was dipping a rag in the river and scrubbing and showering himself. (I had heard a lot about people bathing in the river in the Chinese countryside, but I had never seen it before.)

I felt so lucky to have a pilot who was so kind and experienced, and both of them were very nice to us. Our pilot told my mom that he was a peasant, but there was no fieldwork available at the time, so he came here to work on the river. Both pilots took very good care of our family, and the one piloting the boat I was riding even let me row the raft. I tried very hard, but I couldn't raise the pole high enough because it was so long. I realized that rafting looks very easy, but it´s not.

The skies were gray, and a misty drizzle made this floating sensation even more romantic. The raft was floating, floating...it was a most pleasing feeling. I was embraced so closely by nature; both sides of the river were ringed with green mountains with different layers of high and low peaks that were sometimes far in the distance, and sometimes close at hand. Each side of the Li River had many different kinds of green willows sloping all the way to the riverside. There was a feathery plant that grew upwards and then outwards like a fan, so it was called the peacock tail. It grew in the river (only in shallow areas) with a vast amount of space; it looked like a green wall around our boat. I felt as if I were melting with delight within these green mountains and azure rivers. I entirely forgot about real life. I was imagining that I was in the immortal place that is called the Land of Peach Blossoms. The water was serene, and a veil-like mist drew around the mountains, which was woven closely together in layers. It was so amazing how nature made the mountains and the river so united, like they were brothers and sisters. The whole world of nature is an immense, peaceful family, as united as hand and foot.

On the way our pilot told us some legends about the mountains and how each peak was shaped, and we knew that they obviously had been there for a very long time. One of them, as he pointed out, was like a huge gorilla sitting on a mountain waiting for the boat to get across a river.

Our two boats sometimes came together, and Meihua and I stood shoulder–to–shoulder as our parents took pictures. Most of the time the two boats were running separate ways, and we tried to yell and play hide–and–seek with each other through the green wall of peacock tails. The petite, dove gray clouds lightly sprinkled rain on me.

There was also this big flat wooden boat that could not go over the rapids and the rocks, and it was very fancily painted like the ones in Bei Hai, with the roof covered by red waterproof cloth with yellow tassels, and the burgundy pillars supporting the roof of the boat were covered with carved golden dragons. The boat had a small square space in the middle and there was a table with a plate of sliced watermelon. The young ladies in the boat laughed and squealed, "Ni Hao!" They laughed even more when Dad started to record them and say "Ni Hao" in the American type of accented Chinese language back to them. The echoes of the laughter lingered as we went down the river.

I saw a bridge where many people were crossing, and I knew we had hit the main road. I hated to leave; it was so nice sitting in a little raft and relaxing while looking at pilots

of other rafts taking pictures of their passengers. Some boats were filled with the sound of singing and laughter. When we were surrounded by such wonderful music, I hoped time could stop here forever. But real life intruded once again.

It was quite late; we got back to the hotel as soon as we could, and went to a big beer–fish restaurant across the street, perched on stilts by the Li River. The dish of beer–fish is very famous in Yangshuo; we had heard a lot about it. I loved this restaurant, and the food was so delicious! My dad usually doesn′t eat fish with bones, but here he ate all his fish. We also met two beautiful young ladies from Guilin. I was guessing that they liked our family, because we were eating and talking and had a very nice time until 12:55 p.m. Then we had to leave.

After lunch, Mr. Fang picked us up at the hotel and drove us on the long trip back to Guilin, along with four other passengers, which included someone from Beijing who was a friend of Guilin′s mayor. After Mr. Fang dropped off the others in downtown Guilin, he took us to the Bear & Tiger Village, where there were 400 black bears and hundreds of endangered tigers. We saw more than 20 bears mating and fighting, and all the bears had white bellies and a peculiar white splotch on their forehead. We saw alpha males and alpha females, and bears with hurt limbs trying to walk to the small pond where they bathed and drank.

Among the highlights was a show where bears, tigers, horses, monkeys and humans performed tricks. As the announcers declared that the show was under way, women and men rode horses that galloped at full speed around the ring. Following that were people dressed in costumes as Zhu Bajie (the lazy pig), Sun Wukong (Hou Ge, the smart monkey), Tang Seng (the master monk), and Sha Sheng (he is another kind of monk, but I´m not sure of the details). There was a woman archer who shot arrows at a target while riding on horseback. There was also a bear riding a motorcycle on a tightrope high up with a caged woman underneath. The bear rode to the middle of the tightrope, and the lady let down a big scroll with Chinese words "Huan Ying" (which means "Welcome") on it. I thought that act was so amazing!

Camels slowly walked around with monkeys on their humps. The biggest monkey urinated on the hump on the dromedary camel he was riding. Monkeys rode bicycles! (The ones that weren´t good ran with the bicycle). Bears ran on their hind legs! There was a "headless" horseman who stood on his head while riding and also riders who would jump back and forth across the horses´ back while it was galloping. I think it would kill someone to do something like that without at least years of training. After the performance, we took pictures with a bear that was in the show. I felt bad for the bear because he had a ring punctured through his nose to put the chain through.

We then walked to a nearby enclosure, where we saw a cow waiting nervously as a tiger came out from another cage and was released into the cow´s cage. The tiger sauntered around in a relaxed, lazily confident way, slowly approaching the cow. Suddenly the cow realized what was about to happen and butted the tiger with its horns. It did no use, and with a tremendous display of strength, the tiger leaped onto its back and bit its neck ferociously, then held on for more than three minutes while blood poured out of the gash. Finally, it dragged the cow to the shade, and bit one of cow´s buttocks for a few more minutes. *This was so uncivilized and disgusting,* I thought. The cow gave a "MOO" of bloody terror as the pain seared through its body. Everyone held their breath when they thought the cow was dead, but then the cow´s tail would twitch, and everyone would sigh with relief. I found myself hoping that it wouldn´t give me nightmares. Alas! Soon I realized that there is nothing fair about the animal world, is there?

In the end, a truck came into the field and they forced the tiger back into its cage. Four peasants lifted the cow onto the truck (they must have been strong!), and the vehicle drove off with the wounded creature, with the blood still flowing from a big hole in its right buttock.

I felt angry that the cow suffered such agony just so the park owner could get more money. On the other hand, it seemed to me that the tiger´s job was really easy because he had been doing sneak attacks like this for years so he could get food to survive. The poor cow´s life was unfair because he just eats grass and has to perform this horrible job for humans´ entertainment. I realized that nothing is fair in the animals´ world.

Meihua and I decided to visit the tigers´ exhibit. About seven tigers milled around (most of the tigers had already been taken into their cages by then). Some were wrestling with each other, some were strolling in the stream, and some were lying down. The biggest tiger, which was like the king of them all, did nothing but sit on the rock that jutted out over the streambed and lick his paws. Then the employees entered the tiger display and yelled, "Hey, Jin Lai!" (Come in), with each of them holding an electric prod. The tigers listened and were led up the plank, into the gate, and into their nighttime area.

After that, we went to a small kids "zoo" so Meihua and I could have a little more fun. We saw cages full of small mourning doves, and the doves hopped and trilled at our arrival. Peacocks strutted around, their train of feathers bouncing around behind them. I also saw a cage of little tigers, and stuck my hand in, and to my surprise, a tiger leapt up and nearly bit it off! Shocked, I pulled back my fingers hastily so the tiger wouldn't do that again. I knew that you're supposed to be careful around tigers, but these were so small and so cute, and I thought these babies would never bite me! I was wrong.

Mr. Fang picked us up and took us to the Guilin airport, where we gave him a big hug. My mom tried to give him a wad of American dollars, but he absolutely wouldn't take it. He said keep in touch, and that friendship is a long-term thing...and then waved his hand in farewell. I was feeling a little melancholy. We had stayed here such a short time, and he was so nice to treat us without anything back. I was touched.

We boarded our flight and settled ourselves, waiting for takeoff. I gazed out the window and watched airplanes as they smoothly glided off the runway one by one, like silver phoenixes. The wonderful sunset painted itself across the sky, and to me it seemed like a classic Van Gogh painting. I finally said goodbye to the scarlet-lantern sun sinking towards the horizon, and stunning, heavenly Guilin.

Lilac and Dahlia Peters
f music be the food of love, play on..."
ac and Dahlia Peterson (Level 9)
我們喜歡聽古典音樂,
也喜歡彈鋼琴
我們還有一個願望,
當我們長大後要做中美文化的橋梁
梅花,蘭花

在 2008 年

What the Authors are Currently Doing

Lanhua and Meihua currently live in Hollywood, California with their parents. They are enrolled in ninth grade at the Los Angeles Center for Enriched Studies, where they have just joined the tennis team. They´ve already taken college classes English One and Creative Writing and are currently studying Chinese at Santa Monica College.

They have passed Advanced Level 10 in the California state piano Certificate of Merit exam. They also participated in the Scholastic Art and Writing Awards of 2010 and won the California Writing Project Silver Key award. This summer, the twins went to the World Expo in Shanghai and participated in four dance performances.

作者现况

目前，梅花和兰花与爸爸妈妈住在加州的好莱坞。于洛杉矶市实验中学上高一并经学校的选拔已成功地闯进了高中的网球队。同时，她们还在大学修课，已修完的有大一的英文和创作写作的课程，现仍在山塔毛尼卡大学选修汉语课程。

最近，她们已经获得了加利福尼亚州钢琴10级的优异证书。她们还参加了2010年的加州艺术和写作创作比赛，两人均获得了银钥匙大奖。暑假期间她们还前往上海世博会并参加了四场演出。